böhlauWien

Manfred Russo

Tupperware & Nadelstreif

Geschichte über Alltagsobjekte

Böhlau Verlag Wien · Köln · Weimar

Die Deutsche Bibliothek – CIP-Einheitsaufnahme

Ein Titeldatensatz für diese Publikation
ist bei der Deutschen Bibliothek erhältlich
ISBN 3-205-99163-X

Das Werk ist urheberrechtlich geschützt.
Die dadurch begründeten Rechte, insbesondere
die der Übersetzung, des Nachdruckes, der Entnahme
von Abbildungen, der Funksendung, der Wiedergabe
auf photomechanischem oder ähnlichem Wege,
der Wiedergabe im Internet und der
Speicherung in Datenverarbeitungsanlagen,
bleiben, auch bei nur auszugsweiser Verwertung,
vorbehalten.

© 2000 by Böhlau Verlag Ges.m.b.H und Co. KG,
Wien · Köln · Weimar
http://www.boehlau.at

Gedruckt auf umweltfreundlichem, chlor- und
säurefreiem Papier
Druck: Imprint, Ljubljana

Inhalt

7   Alltagsobjekte zwischen Ready-made und Mythos

9   Purismus und Quintessenz –
    Eine kleine Metaphysik der Alltagsobjekte
14 Im Tempodrom der Alltagsobjekte –
    Zwischen Weltsucht und Weltflucht
16 Andy Warhol – Der wahre Dandy der Moderne

23 Coca Cola – Mutter Amerika des Soda-Pop

33 Die Cornflakes – Das Manna für die Endzeit

39 Das Fahrrad – Der Wahn des Kentauren

49 Die Halogenstrahler – Das Licht des
    elektrischen Himmels

61 Der Hamburger – Belly Bomber im Schlaraffenland

67 Das Handy – Kafkas leerer Engel

73 Die Jeans – Die zweite Haut des Opfers

83	Der Jeep – Wilhelm Reichs Körperpanzer mit Allradantrieb
91	Die Kreditkarte – Rothschilds Vermächtnis
97	Die Mikrowelle – Marinettis Fluch
107	Der Nadelstreif – Abschied von der vertikalen Illusion
117	Der „Oxford Brogue"– Das okzidentale Schuhwerk oder Hermes' keltische Flügel
127	Die Ray Ban – Eine Sonnenbrille unter Nihilismusverdacht
133	Die Smarties – Das existentielle Konfekt
139	Der Trabant – Ein Requiem auf die sozialistische Mobilität
147	Die Tupperware – Hexensabbat in den Suburbs
155	Der Tweed – Die Ästhetik des Verschwindens
165	Der Volkswagen – Heideggers „Fahr-Zeug"
175	Der Walkman – Die elektronische Nabelschnur des Stadtnomaden
181	Literatur
190	Bildnachweis

**Alltagsobjekte
zwischen Ready-made
und Mythos**

Warum kann man überhaupt etwas über Alltagsobjekte sagen? Schließlich handelt es sich hier nicht um Kunstobjekte, sondern um banale Gegenstände des täglichen Gebrauchs. Es sind Gegenstände, die sich in völliger Transparenz darstellen, die keines kritischen oder ästhetischen Diskurses zu bedürfen scheinen, oberflächliche Gegenstände, die dennoch eine merkwürdige kultische Intensität erlangen können. Es handelt sich um technisch hergestellte Gegenstände, die zunächst keinen Anspruch darauf erheben, die Welt interpretieren zu können. Massenobjekte wie Volkswagen, Sonnenbrillen oder Jeans sind allesamt Dinge, die den Gebrauchsgegenstand aus seiner künstlerischen und handwerklichen Tradition herausgelöst haben. Sie waren ursprünglich ein Beitrag zur Entmystifizierung jener Gebrauchsobjekte der oberen Schichten, die allgemein als künstlerisch bezeichnet wurden. Aber seitdem Duchamp mit seinen „Ready-mades" die Alltagswelt ästhetisiert und damit die Kunst selbst radikal umgedeutet hat, sind plötzlich auch Objekte dieser Sphäre Träger eines Sinns. Die künstlerische Affektiertheit, die im Historismus, im Jugendstil und noch im Art d'éco hoch im Kurse stand, wich einer neuen Form des „maschinellen Snobismus"[1]. Die serielle Realität der Moderne, ein Ergebnis der maschinellen Produktion, liebt das Banale, das Transparente, das Ausdruckslose, den Willen zur Bedeutungslosigkeit[2]. Was sagt uns denn ein Volkswagen, die Tupperware oder die Jeans? Daß sie reine Oberfläche sind und daß sie keinen ästhetischen Anspruch haben, weil sie bereits das Stadium eines radikalen Fetischismus erreicht haben. Ihre Leere, ihre Bedeutungslosigkeit, ihre Indifferenz machen zugleich ihre Aura aus.

Alltagsobjekte sind Ready-mades. Für sie gilt, was Duchamp bereits über den Flaschentrockner gesagt hat: „Er existiert, und ich bin ihm begegnet." Mit dieser Aussage hat Duchamp den Flaschentrockner, so wie er war, auf die Seite der Kunst überführt und den Alltag zur Kunst gemacht[3].

Marcel Duchamp war der Erste, der erkannt hat, daß es eigentlich nicht notwendig ist, die Realität in Form von Malerei und Skulptur darzustellen, um Kunst zu machen. Es genügt, das Objekt im entsprechenden Kontext zu zeigen, um es als Kunstkopie seiner selbst zu sehen. Andy Warhol verlagert später diesen Akt in seine „serielle Hypostase des Bildes, der reinen und leeren Form des Bildes, seiner ekstatischen und bedeutungslosen Ikonenhaftigkeit". Seine Kunst vollzieht die maschinelle Verwandlung des Alltagsobjektes nach: Brillo Boxes, Campbell's Soup Cans, Coca Cola Bottles.

Wer ins Museum geht, ist in der Lage, einen Gegenstand des alltäglichen Gebrauchs in einem neuen Licht zu sehen und mit neuer Aufmerksamkeit zu betrachten. Der Gebrauchswert hat sich in einen symbolischen Wert verwandelt und wird nun geheimnisvoll und mit einem neuen mythischen Sinn erfüllt. Elemente des religiösen Kultes, des Ritus, also all jener Bereiche unserer Kultur, die den Eros auf den Plan rufen, spielen eine wichtige Rolle. Das breite Spektrum des Begehrens macht es möglich, die Bedeutung des Gegenstandes vom bloß Nützlichen ins Religiöse zu verlagern.

Dem Ready-made-Verfahren ist die Qualität eines mythischen Erlebnisses nicht abzusprechen, denn es liegt in der Entscheidung des einzelnen, die Dinge neu zu sehen, gleichsam in einer inneren Erleuchtung, die das Vertraute in ein neues Licht setzt und das Verborgene zur Anschauung bringt.[4]

Wenn in dieser Arbeit von Alltagsobjekten in Verbindung mit Mythen die Rede sein wird, dann sind damit schon wesentliche

Grundzüge des Programms umrissen. Wie gesagt, Alltagsobjekte erzeugen mehr als ihren Gebrauchswert, sie verweisen auf eine Transzendenz. Hinter der Trivialität und Banalität jedes einzelnen Objekts steckt eine komplexe kulturelle Aussage. Alle beschriebenen Objekte sind Endglieder einer langen Kette von Handlungen und Gesten, die einer beschleunigten Industriekultur entspringen. Diese Ketten lassen sich manchmal bis weit in die Vergangenheit der Menschheit zurückverfolgen. Und fast immer stößt man auf eine mythische Substanz, in der sich ihre Anfänge verlieren.

Der Mythos liefert den erzählerischen Rohstoff, das poetische Material, den Bezug zu erhabenen Traditionen, die das erfolgreiche Eintauchen in das kollektive Bewußtsein gewährleisten. Alltagsobjekte sind mythische und zugleich praktische Elemente zur Selbstverteidigung des Subjekts. Sie stellen eine Art Ausdehnung des eigenen Körpers dar, die schon McLuhan beschrieben hat, und werden stets als Teil des Ichs erlebt. Das ist das eigentliche narzißtische Geheimnis der „Selbstausdehnung". Alltagsobjekte sind nicht einfach Werkzeuge, sondern kraft des Mythos und der narzißtischen Aneignung unsere schöneren, schnelleren oder widerstandsfähigeren neuen Organe: die schönere Haut der Kleidung, die elegantere Hülle des Hauses, der schnellere Korpus des Autos.

Purismus und Quintessenz –
Eine kleine Metaphysik der Alltagsobjekte

Es gibt einen wichtigen Strang in der Entwicklung der modernen Kunst, der die Formgebung der Gebrauchsgegenstände betrifft. Künstlerische Gestaltung von Objekten des alltäglichen Gebrauchs gab es bereits in der Antike, doch mit dem Eintritt ins Maschinenzeitalter wurden neue Prinzipien des Designs notwendig. Die ersten ästhetischen Bewegungen, die mit der industriellen Revolution aufkamen, hofften auf eine Erneuerung durch die Restauration des Kunsthandwerks. Die Namen Ruskin und Morris stehen für eine Wiederbelebung des Handwerks, die zugleich sozialreformatorisch und stilbildend sein sollte. Doch ihr Scheitern an der stürmischen industriellen Entwicklung war abzusehen. Mit dem Jugendstil folgte eine Bewegung, die es verstand, künstlerisches Lebensgefühl und Massenproduktion, aber auch Individualismus und Elitebewußtsein zu verbinden. Doch auch der Jugendstil konnte den fortschreitenden Erfordernissen der Technik nicht auf Dauer entsprechen. Mit der Gründung des deutschen Werkbundes wurden aber erstmals ästhetische Leitbilder mit industriellen Entwürfen verschmolzen – ein Konzept, das im darauffolgenden Bauhaus auch programmatisch umgesetzt wurde. Hier entstand die Idee einer Verknüpfung von industriellem mit sozialem Design, die einen strengen Kanon neuer Materialien und Formen schuf. Der Funktionalismus war das Paradigma dieser ganzheitlichen Denkweise.

Das Credo des Funktionalismus bestand in der Eliminierung des Nutzlosen und Überflüssigen. Die reine Funktion stand im Mittelpunkt der Betrachtung. Nur funktionelle Objekte wurden akzeptiert, jeder Dekor galt als verpönt. In der Kunstgeschichte wird jedoch häufig übersehen, daß diese ästhetische Entwicklung nur der Ausdruck der existentiellen inneren Haltung jener Zeit war. Damit sind nicht die materielle Knappheit und die angespannte soziale Lage gemeint, sondern die Form einer geistigen Askese, die, unter welch großem Druck sie auch sein mag, Großes, Hohes und Reines herstellen wollte. Diese Produktion reiner Objekte wurde häufig mit der Überlegenheit über die modischen Produkte begründet. Funktionalistische Objekte sind zeitlos und werden jener Mode entgegengesetzt, die nur durch die Zugeständnisse an den Geschmack des Tages existieren. Mit dieser Diagnose kommen wir auch dem Verständnis des Puristischen und Funktionellen näher. Die Designer projizierten in ihre Produkte nichts anderes als eine metaphysische Alternative zum Tod. Das Wissen um die eigene Sterblichkeit veranlaßt uns, nach Dingen zu suchen, die überleben und nicht der alles verschlingenden Zeit zum Opfer fallen. Daher schufen die Designer Gegenstände, die der Mode als dem Sinnbild des Vergänglichen trotzen sollten. Diese Objekte sind als Symbole für Ewigkeit und

Unsterblichkeit zu verstehen. Die Erfolge bei den Konsumenten waren aber selbst in den dreißiger Jahren gering. Nur wenige Intellektuelle und Künstler verstanden diese Ästhetik, das Bürgertum und auch die Arbeiter hatten ganz andere Vorstellungen von einem repräsentativen Interieur.

Das Wesen dieser Kultur bestand aber darin, daß sie immer eine Produzentenkultur war und auch heute noch ist. Erstklassige Designer, Architekten und Künstler, also Produzenten, schufen Häuser, Möbel und andere Alltagsgegenstände nach ihrem Geschmack und künstlerischen Empfinden. Wenn auch die Mehrheit der Menschen sich kaum nach Produkten von elitären Designern und Architekten sehnt, so gab und gibt es doch eine elitäre Minderheit mit gleichen Geschmacksvorstellungen. Konsumenten also, deren Anspruch und Zeitbewußtsein sich auf das Wesentliche richten. In diesem Fall treffen sich Produzent und Konsument. Beide wissen um die kultische Qualität der Erzeugnisse, die Schöpfer geben den Segen, die Konsumenten empfangen ihn durch den Erwerb des Kultobjekts. Ein Spiel mit gleichberechtigten Partnern: Sender und Empfänger verwenden den gleichen Code, Objekte werden kreiert und adäquat konsumiert. Das verwandte Zeitbewußtsein ist die Basis der Komplizenschaft. Der Gewinn liegt im Wissen und im Genuß der kultischen Wirkung.

Eine modernere und etwas weniger strenge Variante des Purismus ist die Ästhetik des „Quintessentiellen", die ich so nach einem gleichnamigen Buch nenne. Das Buch[5] geht der Frage nach, warum manche Marken es geschafft haben, zur Kultmarke zu werden. Die Antwort der Autoren lautet: Weil sie eine Quintessenz bilden. Zur Charakterisierung dieser Eigenschaft entwickeln sie einen ebenso poetisch wie metaphysisch gefärbten Vergleich: Es handle sich bei der Quintessenz um eine Eigenschaft des Objekts, die einer puren hochkonzentrierten Essenz vergleichbar sei, sie mache das Wesen einer Sache aus. Nach Aristoteles und für die Philosophie des Mittelalters war die Quintessenz der Äther, also jenes fünfte Element (neben Erde, Feuer, Luft und Wasser), das die Himmelskörper bildete, eine lebenserzeugende und -erhaltende Substanz, die alles durchdringt.

Quintessentielle Dinge, wenn auch für alltägliche Zwecke verwendet, sind demnach mehr als nur Talismänner, Wegweiser des Glücks oder primitive Objekte der Beseelung. Die Zuschreibung magischer Kräfte bei bestimmten Objekten ist nicht nur eine Praxis, die sich durch die Menschheitsgeschichte zieht, sondern auch ein Sujet der Literatur und Forschung, das unzählige Bände ethnographischer Literatur füllt. Neu hingegen ist diese Form der Erhebung von Alltagsobjekten aus dem alten Status der primitiven religiösen Fetische in den Rang des Metaphysischen. Das läßt sich am besten anhand einer Liste von quintessentiellen Objekten darstellen, von denen jedes als Kürzel für eine komplexe kulturelle Situation, als Symbol für eine vielschichtige kulturelle Orientierung gelten kann. Quintessentiell – so die Autoren – sind Fred Astaire ebenso wie die Mickymaus oder die Pyramiden; das Parthenon in Athen ebenso wie das Chrysler-Building in New York; Charlie Chaplin, die Concorde, der Mercedes SSK oder Wimbledon genauso wie die Rallye Monte Carlo, der VW Käfer oder das Oreo Cookie (ein amerikanisches Keks), das Frisbee ebenso wie der Bullterrier.

„Schließlich und endlich werden sie Quintessenz an dem Gefühl geistiger Verwandtschaft erkennen, das sie erzeugt. Ein quintessentieller Gegenstand nimmt uns sofort in seinen Bann, berührt uns auf eine sehr einfache, unkomplizierte Art. Und wie eine liebgewordene und oft gehörte Geschichte befriedigt sie uns immer wieder auf eine Weise, die neu ist und zugleich älter als die Erinnerung. Echte Materialisten haben es heute schwer. Die Flut von Schrott, Kitsch und seelenlosen Statussymbolen macht die Suche nach Zeitlosem immer schwerer. Der Sirenengesang des Dinglichen lockt uns ständig ins Verderben. Aber statt unsere Ohren mit Wachs zu verstopfen, sollten wir die Augen offenhalten für die Quintessenz bei Menschen, Orten- und vor allem in Dingen, die uns von der zwanghaften Beschäftigung mit dem Dinglichen befreien kann."[6] Auch wenn hier zunächst nur die Sprache eines abgeklärten amerikanischen Lifestyle-Journalisten zu erkennen ist, können wir den metaphysischen Duktus nicht überhören und versuchen ihn zu übersetzen.

Ideale Objekte sollten eigentlich die Beschäftigung mit den Objekten beenden. Erst das Finden des quintessentiellen Objekts hebt die Frage nach dem richtigen Objekt auf und erlöst uns von dem Zwang, uns mit dem Materiellen weiter beschäftigen zu müssen. Hier spricht – wenn auch unbewußt – der Platonische Geist der Befreiung der Seele vom Körper. Wenn Objekte die Stufe des Quintessentiellen erreicht haben, dann heben sie automatisch ab wie die geflügelte Platonische Seele. Aber diese gehobene Aura durchpulst nur wenige Gegenstände, mehrheitlich wird die Menschheit von einer Woge des Kitsches überflutet. Nur ausgewählte Objekte eignen sich zur Himmelfahrt des Quintessentiellen, um als reine Ideen weiterleben zu können.

Der Rest der Welt hat andere Vorstellungen von Schönheit und von der Angemessenheit der Objekte. Die moderne Konsumgesellschaft schöpft lieber aus dem vollen und Opulenten. Heute gilt: Mehr ist mehr.

In diesen Objekten schwingt gewiß keine Sehnsucht mit nach der höheren Idee, die sich im Objekt spiegeln soll, noch wird die Absicht der Befreiung der Seele vom Körper erkennbar. Daher versteckt sich in den verächtlichen Geschmacksurteilen der Design- und Kulturkritiker über kitschige Objekte oft eine philosophische Geisteshaltung: Kurzlebige Objekte, die sich der Mode und der verhängnisvollen Verhaftung im Zeitgeist überantwortet haben, ohne auch nur im geringsten dem Tode zu trotzen, werden abgelehnt. Hier schwingt etwas mit von jener Verachtung der alten Philosophen, die nicht nur alles, was die wahre Ruhe störte, ablehnten, sondern auch größten Widerwillen gegen alles Wimmelnde, Vermischte und Zyklische hegten, da es den Kreislauf der Nahrung und die existentielle Grunderfahrung des Fressens und Gefressen-Werdens symbolisierte. Vielleicht ist die Abneigung gegen die vermischten Stile, gegen das Kitschige oder das Süßliche nur eine Variante der alten Abscheu gegen die Eigenschaften der „Masse", gegen ihre Gier und Unfreiheit, ihr Elend und ihre Bereitschaft zur Verwüstung. Das Unreine, das Vermischte und Unruhige der Mode und des Kitsches werden abgelehnt, da es Vernichtung und frühen Tod verkörpert.

Wenn also hinter den quintessentiellen Objekten eine vermeintliche Suche nach einer Alternative zum Tod steht, so zielt demgegenüber die Kultur des Massenkonsums auf Genuß, Idylle oder einfach nur auf unmittelbare Befriedigung.

Folgerichtig etablierte sich daher auf der anderen Seite des Spektrums eine neue Ästhetik der „Junk-Kultur", die die Vergänglichkeit im Gepäck führt und deren Wertorientierung sich von der puristischen nur durch einen radikalen Richtungswechsel auszeichnet. Während die Anhänger des Puristischen und Quintessentiellen die Unsterblichkeit anstreben, bevorzugen die Anhänger der Junk-Kultur bewußt Todes- und Vernichtungsnähe. Sie versuchen den Kitsch derart zuzuspitzen, daß er als Müll erscheint und damit die erwünschten Elemente des Todes vorweist.

Im Tempodrom der Alltagsobjekte –
Zwischen Weltsucht und Weltflucht

In der Gesellschaft ereignet sich derzeit eine allgemeine Mobilmachung. Der Geist der Aufklärung, die Illusion der Selbstbefreiung und der Druck der Rationalisierung haben zur Beschleunigung aller Lebensbereiche geführt. Die Wirklichkeit unseres Lebens ist Bewegung, Motorisierung, Automatisierung und, damit einhergehend, Desensibilisierung. Für den Menschen wird es immer schwieriger, sich zu orientieren. Die Anstrengung wächst ständig.

Die Dynamik unserer Kultur strebt nach genereller Beschleunigung. Das Auto ist das Paradebeispiel dafür. Es ist das perfekte Symbol für den gegenwärtigen Zustand unserer Gesellschaft, die sich im Status der allgemeinen Mobilmachung befindet. Gerade im Auto stecken die ältesten Mythen der Bewegung. Sein Vorläufer war das Pferd; der Reiter verkörpert bereits die Motive der Raumkontrolle und der anstrengungslosen Bewegung durch die Ausnützung der Naturkräfte. Die erste Erfahrung des Getragen-Werdens vermittelt aber die Mutter. Laut Virilio ist die Geburt das erste Erlebnis der Bewegung, also ein „kinetisches" Ereignis, und die

Mutter das erste Verkehrsmittel, denn durch sie kommen wir auf die Welt. Nicht zufällig stehen zwei sehr unterschiedliche Denker Pate für das Auto. Heidegger hat mit seiner Philosophie gewissermaßen eine Theorie für den Volkswagen entwickelt, und Wilhelm Reich verdanken wir gewisse Einsichten in die Entstehung des Jeeps. Und der Trabant ist ein ironisches Beispiel dafür, wie die revolutionäre sozialistische Kinetik endete.

Die körperliche Beschleunigung erleben wir aber nicht nur durch das Fahren, sondern auch in ganz anderer, indirekter Weise. Modernes Essen bedeutet schnelles Essen, oft genug auch schnelles Futter. Stichworte wie Hamburger oder Snackfood gehören hierher. Mit dem Mikrowellenherd wurde gewissermaßen das technische Programm des Futurismus für die Küche umgesetzt. Ob die Ergebnisse der Tiefkühlkost auch dem Marinettischen Programm futuristischer Schönheit entsprochen hätten, darf bezweifelt werden.

Die Intensivierung des Selbstgefühls wird auch in der Kleidung manifest. Der Nadelstreifanzug oder der Oxford-Schuh sind schöne Beispiele dafür. Die Jeans entstammen zwar einem ähnlichen Geist, hier waren es aber die Goldgräber und Desperados, die in wilder Entschlossenheit dem Leben und dem Land ihren Tribut abpressen wollten. Das gierige Eindringen in die Erde könnte man als magische Geste oder Simulation der Wiedergeburt deuten. Die Jeans schützten bei diesem rauhen Unterfangen die verletzliche Haut. Dieser Schutz vor Verwundung wurde später zum sexuellen Fetisch, der die heutige Bedeutung der Jeans ausmacht. Wer verletzbar ist, ist auch potentielles Opfer. Schon seit Goldgräberzeiten waren die Jeans daher auch die Kleidung der Opfer, und diese Doppeldeutigkeit setzte sich auch später in der Jugendkultur der fünfziger Jahre fort.

Aber auch für die Möglichkeit der Weltflucht, die dem Menschen neben der blinden, nach vorne gerichteten Mobilität offensteht, sind passende Objekte vorrätig. So ist der Walkman ein merkwürdiges Objekt, das die Weltflucht mit der Geste der Mobilmachung vereinigt. Im Tweedsakko ist eine eigentümliche Ästhetik des Verschwindens ausgeprägt. Und Coca Cola ist

Gegenstand zahlreicher Projektionen, die nicht nur auf ein Versinken im nüchternen Rausch hindeuten, sondern dem ambivalenten Frauenbild der Viktorianischen Ära, dem unerreichbaren Engel, entsprechen. Das Handy zeugt wohl von dem unerreichbaren Wunsch, Götterwinke oder Königsbefehle zu erhalten.

Die radikalste Form der Weltflucht führte bereits im vorigen Jahrhundert zu einem Produkt, das uns als der Inbegriff der Harmlosigkeit erscheint, den Cornflakes. Die Adventisten glaubten an die baldige Wiederkehr Christi und wollten deshalb keine Kinder mehr in die Welt setzen. Getreideflocken schienen ein probates Mittel, den Sex im Sinne dieses Vorhabens auf natürliche Weise zu unterbinden. Traditionelle Erlösungsphantasien, die auf dem alten Lichtglauben der Sufis beruhen, werden möglicherweise durch die modernen Lichttechniken, hier durch Halogenleuchten, hervorgerufen. Die Aktualisierung alter Lichtmythen im kollektiven Bewußtsein beruht auf religiöser Überlieferung.

Andy Warhol –
Der wahre Dandy der Moderne

Susan Sontag schrieb 1966 einen Aufsatz über eine Variante des Intellektualismus, der unter dem Kultnamen „Camp" bekannt geworden ist. Darin bezeichnete sie Camp als eine Art von Geheimcode kleiner urbaner Gruppen, eine Art von Ästhetizismus, der eine besondere Stilisierung und Kunsthaftigkeit hervorbringt. Indem sie ihren Artikel Oskar Wilde widmete, machte sie auch die programmatische Intention klar.

„Gleichgültigkeit ist das Privileg der Elite. Im 19. Jahrhundert ist der Dandy der Stellvertreter des Aristokraten in Fragen der Kultur; Camp ist der moderne Dandyismus. Camp ist die Antwort auf das Problem: Wie kann man im Zeitalter der Massenkultur Dandy sein?"[7] Die Antwort läuft auf eine Teilhabe an der Massenkultur nach einem kompliziert wirkenden Selektionsprinzip hinaus: „Es gibt Filme, Kleider, Möbel, Schlager, Romane und Gebäude, die 'campy' sind." Sontag gibt eine Reihe von Beispielen, die nur aus dem Zeitgeist der 60er Jahre heraus verstanden werden können: „die Lampen des Glaskünstlers Louis Comfort Tiffany, das Brown Derby Restaurant auf dem Sunset Boulevard in Los Angeles, The Enquirer, Aubrey Beardsley Zeichnungen, Schwanensee, Bellinis Opern, gewisse Postkarten der Jahrhundertwende, die alten Gordon Flash Comics ..."[8]

Der Dandy alten Stils haßte das Vulgäre. Wo der Dandy unentwegt abgestoßen oder gelangweilt wird, fühlt sich der Kenner des Camp unentwegt amüsiert. „Der Dandy hielt sich ein parfümiertes Taschentuch unter die Nase und neigte zur Ohnmacht. Der Kenner des Camp saugt den Gestank ein und rühmt sich seiner starken Nerven." Anhänger des Camp gelten heute als Dandys ohne Eliteanspruch – wohl deshalb, weil sie der traditionellen Elite eine besondere Wertschätzung der Massenkultur entgegensetzen, die auch nicht ganz von elitären Ansprüchen absieht.

Auf diesen Typus trifft Baudelaires Beschreibung des Dandys zu, der seine spezifische Art von Originalität innerhalb der äußersten Grenzen der Konventionen realisiert. Der Dandy betreibt die Kunst der ästhetischen Abweichung von der Gesellschaft als Ausdruck seiner Individualität. Er setzt sich nicht in eine aggressive Differenz zur Gesellschaft, sondern lebt mit ihr in einer besonderen Form des delikaten Einverständnisses, das allerdings durch den Kunstgriff der ironischen Distanzierung gebrochen ist. Daher gewinnen Formfragen eine zentrale Bedeutung. Und auch hier setzt Sontag wieder den modernen Dandy der Massenkultur in Kontrast zum traditionellen Dandy. „Der Dandy war überzüchtet. Seine Pose war die der Verachtung oder Langeweile. Er suchte seltene, vom Geschmack der Massen unbefleckte Sensationen."[9]

„Der Kenner des Camp (der moderne Dandy, Anm d. A.) hat sinnvollere Genüsse entdeckt. Er delektiert sich nicht an lateinischer Poesie, an seltenen Weinen und Samtjacken, sondern an den derbsten und gemeinsten Vergnügungen, an den Künsten der Massen. Der bloße Gebrauch befleckt die Gegenstände seines Vergnügens nicht, da er lernt, sie auf ausgefallene Weise zu besitzen. Camp – der Dandyismus im Zeitalter der Massenkultur –

macht keinen Unterschied zwischen einem einzigartigen Gegenstand und dem Massengut. Der Camp-Geschmack läßt die Übelkeit unter sich, die die Reproduktion bewirkt."[10]

Gerade deshalb nimmt der moderne Dandy die Haltung des Exzentrikers ein, der nur bei sich ist, wenn er außer sich ist. Er setzt den Schein an die Stelle des Seins. Das rein Äußerliche, die Kleidung wird dem Dandy zum Mittelpunkt seines Denkens und Handelns. Dennoch geht es hier keineswegs um das Modebewußtsein, sondern um den Versuch, die Unverwechselbarkeit des Individuums allein in der Sphäre der Erscheinung und Präsentation zu sichern. Kierkegaard meinte, daß der Exzentriker die Peripherie ins Zentrum rückt und damit das Äußere zum Inneren macht.[11] Er vertauscht nicht die Perspektiven, sondern die Standpunkte. Das Äußere wird zum bevorzugten Medium, ohne jedoch das Innere als Fluchtpunkt aufzugeben. Daher gilt hier auch Kierkegaards Begriff des Ironikers. Die Ironie als Mittel der Distanzierung erlaubt nicht nur Originalität und Individualität, sondern demonstriert auch die Verlagerung des Inneren der Gesellschaft ins Äußere. Der Ironiker übernimmt die Moral der Mitte, aber nicht als Ethos und innere Haltung, sondern als Spielanleitung, als dramatische Form. Daher nimmt er nicht nur die Kleidervorschriften ernst, sondern auch die Moral, indem er sie spielerisch übertreibt.

Ein Beispiel für diese Haltung ist Andy Warhol, der wie kein anderer die Konsummoral der Moderne durch Überpointierung künstlerisch sichtbar machte und dramatisierte. Warhol gilt wohl als der Inbegriff des snobistischen, modernen Exzentrikers. Allein schon die Beschreibung seines Äußeren in seinem Tagebuch spricht Bände:

„Das temperamentlose Wesen, die kränkliche Blässe, die richtige Portion Ausgeflipptheit, das passive Staunen, das grandiose Über-den-Dingen-Stehen..., die gespielte Freude, die verräterische Körpersprache, die kreideweiße Gnomenmaske, die kindische, Kaugummi kauende Naivität, der ganze aufgeblasene Zauber, der aus der Verzweiflung kommt, die überhebliche Gleichgültigkeit, die perfektionierte Andersartigkeit, die paar Haarbüschel, die zwielichtige, voyeuristische, etwas düstere Aura, die bleiche leise sprechende magische Erscheinung, Haut und Knochen..."[12]

Bei Warhol ist alles an die Peripherie seiner Existenz gerückt. Die Bedeutungslosigkeit seiner Bilder, seiner Handlungen und Gesten, über die er in seinem Tagebuch ohne Rhetorik, ohne Ironie und ohne Kommentar erzählt, stellen eine reine Oberfläche dar, die sich schwer in einen kritischen oder ästhetischen Diskurs einordnen läßt. Warhol verzichtet auf jede Interpretation der Welt, weil er ein solches Unterfangen für überflüssig hält.

Zum Thema Liebe notiert er: „Ich habe erst 1964 geheiratet, als ich mein erstes Tonbandgerät bekam ... Mit dem Erwerb meines Tonbandgeräts ging das, was ich an Gefühlsleben gehabt haben mag, endgültig zu Ende, und ich war froh darüber. Nichts ist jemals wieder zu einem Problem geworden, weil ein Problem jetzt immer nur ein gutes Tonband war, und sobald sich ein Problem in ein gutes Tonband verwandelt, ist es kein Problem mehr."[13]

Einen großen Teil der Reflexionen seines Tagebuchs widmet Warhol Alltagsobjekten. So auch in seinem berühmten Gedicht aus den 60er Jahren:

> Das Schönste an Tokio ist McDonald's
> Das Schönste an Stockholm ist McDonald's
> Das Schönste an Florenz ist McDonald's
> Peking und Leningrad haben noch nichts Schönes.[14]

Ein Kapitel seines Tagebuchs trägt den Titel „Underwear Power". Darin gesteht er, daß er am liebsten Unterhosen kaufe, sie seien das Allerpersönlichste. In einem Dialog mit B, einem jungen Mann aus wohlhabendem Haus, plädiert er für Jockey-Unterhosen bei Woolworth, obwohl er sich jetzt bereits Unterhosen bei Macy's leisten könne. Der junge Freund rümpft die Nase über derart ordinäre Kaufgewohnheiten, er ziehe Pima-Baumwolle von Bloomingdale's vor. (Woolworth war das billigste Kaufhaus mit entsprechendem Publikum, Bloomingdale's das Kaufhaus für die obere Mittelschicht, Macy's lag dazwischen.)

„B sagte mürrisch: ‚Können wir nicht lieber bei Cartier nach altem Schmuck sehen?'

A: ‚Cartier!' Ich fing an, mich ernstlich über B zu ärgern. ‚Hör mal gut zu, ich glaube, wir sollten das jeden Tag machen (bei Macy's einkaufen, Anm d. A.), es würde dir nur guttun, wenn du öfters rauskämst, um zu sehen, wie es überhaupt in der Welt aussieht und wie es im richtigen Leben zugeht. Es ist eben nicht so, daß es bei Saks anfängt und bei Bloomingdale's endet. Das Leben ist keine exklusive Boutique von irgendwelchem Yves Saint Laurent. Vielleicht solltest du einmal mehr Zeit darauf verwenden, Unterhosen und Socken zu kaufen und in billige Kaufhäuser zu gehen.'"[15]

Der Dialog steht exemplarisch für den Unterschied zwischen dem Dandy der älteren Schule, der sich durch exquisite Objekte zu profilieren sucht, und Andy, dem wahren Dandy der Moderne, der billige, „demokratische" Massenobjekte vorzieht. Im Genuß des Vulgären erst kommt für diesen der wahre Unterschied ans Licht.

In diesem Sinne ist auch Warhols Plädoyer für Coca Cola zu verstehen: „Du siehst Coca Cola im Fernsehen und kannst sicher sein, daß der Präsident sein Cola trinkt, daß Liz Taylor Cola trinkt – und du selber kannst auch ein Cola trinken! Coca Cola ist und bleibt Coca Cola, und für kein Geld der Welt kannst du irgendwo ein Cola herkriegen, das besser wäre als das, was der Penner an der nächsten Ecke trinkt. Es ist immer das gleiche Cola und es ist immer gleich gut."[16]

Baudrillard meint: Wenn Duchamp und die Surrealisten, die alle an der Dekonstruktion der Darstellung und der Zerstörung des traditionellen Kunstwerks gearbeitet haben, zur Avantgarde gehörten und sich noch in gewisser Weise einer kritischen Utopie verpflichtet fühlten, so ging Warhol einen Schritt weiter, indem er die Maschinenrealität der Moderne noch radikalisierte. Warhol selbst identifiziert sich mit dem Maschinellen, mit der Serienhaftigkeit der Alltagsobjekte, die er seinem maschinellen Snobismus einverleibt.

Warhol ist es tatsächlich wie kaum einem anderen gelungen, zur Erzeugung reiner Oberfläche vorzudringen. Er schien tatsächlich die Gleichsetzung des Seins mit dem Scheins perfekt zu verwirklichen. Das Sein, das in Schein verwandelt wird, ist die ästhetische Antwort auf die Frage, wie mit dem Verlust der Welt fertig zu werden sei. Warhol radikalisiert die Eleganz des Scheins in unnachahmlicher Manier, indem er das Gewöhnlichste durch die Technik des ready-made in den Rang des Kunstwerks erhebt. Weil das Objekt auf diese Weise eine neue, gesteigerte Aufmerksamkeit erfährt, zum Ziel des Begehrens wird, kommt aber wiederum die dunkle Macht des Mythos ins Spiel.

Coca Cola –
Mutter Amerika
des Soda Pop

Wenn Coca Cola das erste industriell hergestellte Getränk war, das – ganz in der Tradition des Kaffees oder Tees stehend – den Kampf gegen die Stellvertreter des Todes, den Schlaf und das Dösen, die Müdigkeit und die Schwere des Leibes, aufnimmt, wenn Coca Cola die erste technisch erzeugte Krieg-Flüssigkeit gegen das Werk des Thanatos, des Todesgottes, und seines Zwillingsbruders Hypnos, dem Gott des Schlafes, ist, dann stellt sich die Frage, ob dieser Trunk noch in irgendeiner Weise an die Mythologien seiner klassischen Vorgänger Tee oder Kaffee anknüpfen kann. Denn immer war es – und das gilt auch für Coca Cola – die Wirkung der Pflanzen, die auf geheimnisvolle Weise den Körper von der Schwere des Alltags befreien sollten.

Die Entstehung des Coca Cola fällt in jene Zeit des vorigen Jahrhunderts, als das Soda gerade erfunden war und als in Amerika zahllose Drugstore-Besitzer experimentierten, um das fade farb-, geruch- und geschmacklose Soda durch Zugabe von Farb- und Geschmacksstoffen zu einer aromatischen Limonade zu machen. Sie glaubten, daß diese Veredelung nur durch die Entdeckung neuer Geheimnisse der Pflanzenwelt gelingen könnte. So studierten sie die Geschmäcker und die Wirkungen vieler Wurzeln, stellten Soda mit Löwenzahn-, Safran- oder sogar Birkenwurzelextrakten her. Ja, mehr noch: Sie versuchten eine Verbindung zwischen den Extrakten der Wurzel und den Bläschen der Kohlensäure zu schaffen – zwischen den Kräften der Erde und den Kräften des „himmelstrebenden" Gases. Charles Pemberton hatte den genialen Einfall, daß er anstelle der Wurzelextrakte die belebende und wohltuende Cocapflanze mit der Kohlensäure vereinte.

Es war noch die Blütezeit der Experimente, und der Chemiker Pemberton, der diesen Sirup in einem kleinen Drugstore in den USA erstmals zusammenbraute, ahnte nichts von seinen globalen Möglichkeiten. Denn eine glückliche Fügung des Schicksals wollte es, daß zur selben Zeit die explosiven Sodaflaschen durch die Erfindung des Kronenkorkens transportabel wurden und sich dadurch neue, ungeahnte Möglichkeiten des Konsums auftaten. Denn solange man diese Limonaden nur im Drugstore konsumieren konnte, war an das große Geschäft nicht zu denken. Die Hausfrauen fürchteten sich nämlich mit Recht vor Explosionen in der Einkaufstasche – Explosionen, die erst durch die Erfindung des Kronenkorkens auf ein dezentes „Pop" reduziert wurden und dieser Getränkegattung den Namen „Soda Pop" eintrugen. Aber Pemberton dachte ohnehin nicht ans große Geschäft, da er einige Jahre später das Patent gemeinsam mit seinem Geschäftspartner Robinson verkaufte.[1] Dieser hatte auch den Namen und den Schriftzug erfunden. Coca Cola war keine Allerweltslimonade, schließlich suggerierte ihr Name eine kleine Prise Kokain. Aber Pemberton und Robinson konnten ihre Chancen nicht nutzen. Der Käufer Asa G. Chandler hatte eine glücklichere Hand. Ihm gelang es, Coca Cola zum Weltgetränk zu machen.

„Cola is it", lautete schon zu Beginn des Jahrhunderts der Werbeslogan, gegen den 1920 vergelblich in einem Warenschutzprozeß angekämpft wurde. Richter Oliver Wendall Holmes bestätigte den rechtmäßigen Anspruch dieser Behauptung mit der Begründung: „Inzwischen bezeichnet dieser Name ein Getränk, das fast überall erhältlich ist. Damit ist eine bestimmte Sache gemeint, die einen einzigen Ursprung hat und der Bevölkerung in dieser Form wohlbekannt ist." Die hölzerne Juristensprache traf den Nagel auf den Kopf, denn Cola war wohl das einzige Produkt, das man damals bereits weltweit erhielt. Heute sorgen 1.500 Abfüllanlagen in 150 Ländern dieser Welt dafür, daß der koffeinhaltige Strom nicht abreißt. Täglich werden 260 Millionen Gläser Cola getrunken, eine

Million Amerikaner testen täglich ihre Magennerven, indem sie Cola zum Frühstück trinken.[2] Und eine nicht unbeträchtliche Anzahl von Amerikanern bereiten ihre Spaghettisauce nach folgendem Rezept zu: Man röste Zwiebel und Tomaten und füge gehacktes Fleisch hinzu. Anschließend gieße man mit einem Glas Coca Cola auf.

Erfolge dieser Größenordnung haben jenseits aller Marketingtüchtigkeit immer höchste kulturelle Bedeutung. Cola Cola ist, wie alle anderen koffeinhaltigen Getränke auch, ein Produkt des puritanischen Zeitalters. Ein Zeitporträt in Limonade, eine Kulturgeschichte, die mit klebrig-brauner Tinte verfaßt wurde. Der erste Getränketyp dieser Art war der Kaffee. Wir müssen daher einige Charakteristika des Kaffees in Erinnerung rufen, da wir erst auf diese Weise Coca Cola besser verstehen können.

Mit dem Kaffee, der seit dem siebzehnten Jahrhundert eingeführt wurde, hatte sich schon ein Paradigmenwechsel der Genußmittel angekündigt. Der Kaffee hatte seinen Auftritt als der große Ernüchterer und bereitet damit das Feld für die bürgerliche Vernunft und die geschäftliche Umtriebigkeit.[3] Man darf nicht vergessen, daß zuvor in Europa noch recht vitale Trinksitten herrschten. Die mittelalterliche Lebensfreude drückte sich noch durch heftigen und regelmäßigen Alkoholkonsum aus. Doch die neuen Anforderungen der Wirtschaft bedurften auch höherer Arbeitsdisziplin und die bürgerlichen Kreise begriffen langsam, daß ein benebelter Verstand und ein getrübter Blick sich schädlich aufs Geschäft auswirkten. Die bürgerliche Bevölkerung verließ nun den benebelten Zustand und bekam erstmals auch ein ideologisch adäquates Getränk vorgesetzt, das für Nüchternheit und Enthaltsamkeit sorgte. Man war voll des Lobes über die anregende Wirkung des Koffeins auf das Zentralnervensystem, das die Wahrnehmung verbesserte, den Verstand und das Denken schärfte, bei Müdigkeit munter, bei Trunkenheit nüchtern machte. Kurzum: Der gesamte Organismus wurde rationalisiert und beschleunigt. Und der so erzielte Zeitgewinn war für den Puritaner ein gutes Zeichen, auf dem rechten Weg zur Heilsgewißheit zu sein.

Vielleicht erahnte Pemberton auf seiner Suche nach einem

neuen Getränk auch die Schattenseiten des Kaffees, den mancher Mediziner für einen den Körper austrocknenden Stoff hielt, der zudem das Gleichgewicht der Körperfunktionen bedrohe. Vielleicht interpretierte er die wachsende Nervosität durch den Kaffeegenuß auch als ein Austrocknen der wichtigen inneren Schleime und Flüssigkeiten, wie es einer alten Vorstellung in Analogie zum Röstprozeß des Kaffees entsprach.

Früher konnten diese Bedenken den Siegeszug des Kaffees nicht bremsen, da die fortschrittlichen bürgerlichen Kräfte dessen trocknende Wirkung, die ihren Vorstellungen einer nüchternen und klaren Lebensweise entgegenkam, begrüßten. Denn das Trockene galt auch als Zeichen für das Nüchterne, da man darin das männliche Paradigma der Klarheit ausgedrückt sah. Schließlich wurde das Kaffeehaus im 18. Jahrhundert zum neuen Kultort, weil man sich dort der Pflege dieser Prinzipien verschrieben hatte. Und es war zugleich der Ort der Kommunikation, des bürgerlichen Räsonnements, des Handels und der nüchternen Geschäfte. Mit dem Kaffeegenuß glaubte man überhaupt schon den Sieg der Kultur über die ermüdenden Kräfte des Körpers errungen und den Kampf gegen die energieraubenden Wirkungen der Zeit entschieden zu haben.

Vielleicht begriff aber Pemberton, daß dieses Prinzip der Trockenlegung des alkoholischen Sumpfkomplexes durch den Kaffee, das sich auch eindeutig gegen die Zeichen des Feuchten und Fließenden, des Dunklen und des Versinkens gerichtet hatte – allesamt Zeichen, die traditionell der Mythologie des Weiblichen zugeordnet wurden – zu weit gegangen war. Vielleicht erkannte er, daß im Bedürfnis nach dem Alkohol und dem Rausch ein metaphysisches Streben nach den Elementen des Kühlen, Feuchten und Fließenden, nach der Befruchtung durch tiefere Ideen wurzelte. Möglicherweise sah er ein, daß der Alkoholgenuß auf anderen Motiven als denen der reinen Irrationalität beruhte und daß erotische Träume mehr als das dunkle Begehren des Versinkens spiegelten. Kurz, er fühlte, daß die Zeit reif war für einen neuen Typus von Getränk, das auch dem Bedürfnis nach einem kleinen Rausch, wenn auch rein, unschuldig und puritanisch, nachkommen durfte.

War es möglich, daß dieser puritanische Drogist die globale psychologische Funktion der Getränke, die sie im 18. und wohl auch noch im 19. Jahrhundert hatten, begriffen hatte? Daß er, als er in seinem Drugstore mit diesem Sirup experimentierte, zwar nicht genau wußte, was er anstrebte, aber vielleicht dunkel ahnte, daß sein Getränk auf eine Synthese aus den Eigenschaften des Kaffees und des Alkohols hinauslief? Wir wissen es nicht. Pemberton war kein Kulturphilosoph, sondern Drogist. Er schrieb nicht Pamphlete, sondern mischte Flüssigkeiten, die aber ihrerseits Kulturgeschichte geschrieben haben. Die Revolution in der Welt der Genußmittel, die er damit auslöste und die nun schon seit über hundert Jahren anhält, konnte er nicht voraussahnen.

Würde man sich eine Landkarte der Getränke vorstellen, so nimmt Coca Cola nun den Raum ein, der zwischen der heißen männlichen Wüste des Kaffees und den feuchten weiblichen Gestaden des Alkohols liegt. Eine Doppeldeutigkeit der Symbolik geht damit einher. Coca Cola suggeriert durch das Dunkle, Kühle und Feuchte das Versinken im Rausch. Die tiefbraune Farbe ist Zeichen der Erdscholle und des Urschlamms. Der tellurische Rohstoff „Zucker" bezieht ebenso wie das Zuckerrohr seine süßende Wirkung aus der Erde und verweist dadurch auf seine Abkunft aus dem mütterlichen Reich. Für die starke matriarchalische Dimension der Symbolik läßt sich sogar ein ethnologischer Beleg vorweisen. In einem Gesang der Kagaba-Indianer aus Columbia heißt es über die Urmutter: „Die Mutter der Gesänge, die Mutter unseres ganzen Stammes, gebar uns am Anfang ... Sie händigte die Dose zum Kokaessen ein ..."[4]

Im Gegensatz zum Kaffee berührt Coca Cola mit einigen Eigenschaften das Reich des Weiblichen. Es hat einen Zug in die Tiefe, der Versinken ankündigt, Dunkles und Süßes verspricht. Aber es wäre kein Getränk einer zutiefst puritanischen Kultur, würden die Verlockungen nicht durch Gegenmaßnahmen gebremst. Schließlich führen derartige Versprechen zu einer Haltung, die im tiefen Widerspruch zur kulturellen Forderung des männlichen Prinzips der Klarheit steht. Dieses rationalistische Prinzip kämpft im Zeichen der Frische für die Erhaltung seiner Werte, die Kohlensäure unterstreicht die Idee der Klarheit, das Perlende und Prickelnde verheißt eine Belebung durch pneumatische Kräfte, die Luftblasen können als Zeichen einer Beseelung durch göttlichen Hauch gesehen werden. Coca Cola ist also ein zutiefst ambivalentes Getränk. Es verspricht einen Rausch, aber bei garantiert klarem Kopf, ein Versinken mit angelegtem Rettungsring.

Es fragt sich, nach welchen Vorstellungen solche Getränke in jenen Zeiten entwickelt wurden, da es noch keine Markt- und Produktforschung gab. Welche Phantasien der Erfinder mögen dahinter gestanden haben? Spiegelt die Kreation eines derart ambivalenten Getränks die Gespaltenheit des damaligen Frauen- und Mutterbildes wider? Entspricht Coca Cola dem Weiblichkeitsideal des viktorianischen Zeitalters, dem Bild jener Frauen, nach deren dunklem und verhülltem Körper man sich sehnte, von deren schöner und engelsgleicher, aber auch harter und spröder Oberfläche man jedoch abprallte?

Das Frauenbild des Puritanismus stand ganz im Zeichen der fernen, spröden und stummen Königin Victoria. Sie vereinigt die Wünsche und Projektionen, die der Mutter gelten, ist aber zugleich unerreichbar. Damit verkörpert sie jenes weibliche Ideal, dem man im Bürgertum nach Kräften nacheiferte. „The Angel in the House" lautet der Titel eines äußerst erfolgreichen programmatischen Werks von Coventry Patmore über Liebe und Ehe:[5] Ein Engel, der göttlich und unerreichbar, zugleich aber arbeitsam und effizient ist, für den Sexualität nur im Dienste der Fortpflanzung steht, dessen Beziehungen aber ambivalent sind. Die dem Mann ferne Königin und zugleich fleißige Arbeiterin bietet den Kindern einen Leib, der diese zugleich anlockt und abstößt. Intensive und lustvolle Beschäftigung mit den Kleinen, wie es etwa durch das Stillen erlebt werden kann, steht in krassem Widerspruch zum bürgerlichen Ideal. Engel stillen nicht. Psychologen werden später feststellen, daß die Kinder durch die mangelnde körperliche Zuwendung eine Kränkung erfahren; das Bild der „bösen Mutter" wird von der realen Mutter abgespalten und auf die Umwelt übertragen.[6] So ist die Ambivalenz bereits im Kleinkind angelegt, es wird sich im späteren Leben nie mehr davon lösen können.

Ähnliches gilt auch für das Körperideal des weiblichen Engels in der viktorianischen Zeit: eine große, stattliche Gestalt mit vollem Busen, der aber nicht für die Freuden des Säuglings vorgesehen ist. Er kann eventuell innerhalb der moralisch vorgesehenen Grenzen der Lust dem Gatten zur Verfügung stehen, hat ansonsten aber Würde, Haltung und Unnahbarkeit zu signalisieren. Die rigiden Methoden der Korsettierung lassen erahnen, welch gespaltenes Verhältnis die Frau zu ihrem Körper haben mußte, um den bürgerlichen Schönheitsnormen zu entsprechen. Im „The Englishwoman's Domestic Magazine" befaßte sich eine eigene Kolumne mit den körperlichen Empfindungen beim Tragen des Schnürkorsetts. „Tight lacing produces delicous sensations, half pleasure, half pain", dokumentierte eine Trägerin stellvertretend für Tausende ihre ambivalenten Empfindungen.[7] „So sind die übertriebenen Kurven des weiblichen Körpers, wie sie die Modezeitschriften in den letzten fünfunddreißig Jahren des 19. Jahrhunderts vorschrieben, im Grunde eine unbewußte Parodie der von den Konventionen bewußt mißachteten und unterdrückten Sexualität", zitiert Mario Praz einen Autor von „Feminine Attitudes".[8]

Der Körper mußte verlockend sein, dafür aber mit Einschnürung bestraft werden. Der Mann sollte gleichzeitig angelockt und abgewiesen werden. Wünsche wurden angestachelt, um nicht erfüllt zu werden. Vielleicht hat Pemberton ja diese emotionale Hin- und Hergerissenheit gleichsam in flüssiger Form modelliert. Dann ist Coca Cola eine unbewußte Dokumentation jener weiblichen Engelsfigur, die mit ihrer starken mütterlichen Symbolik des Dunklen, Braunen und Süßen – die berühmte bauchige Flasche tut das Ihre dazu – eine Einladung ins Reich der Freude oder ins Nirwana verspricht, um aber im gleichen Augenblick von den Bläschen der Kohlensäure wieder himmelwärts gerissen zu werden.

Diese Doppeldeutigkeit des Frauenbilds wird auch von Mc Luhan in seinem Aufsatz „Cola und Pin-up-Törtchen" bestätigt: „Die aktuelle Coke-Reklame präsentiert eine Laura Dearborne, eine altmodische Mischung aus Mutter und Geliebter, einen trinkenden Traum."[9] Er verweist auch auf die literarische Propagierung und Ausschlachtung des Bildes der Kindfrau, das dann vom viktorianischen Mann dankbar als Muster für moralische Hygiene und Familienleben akzeptiert wurde. Dieses Ideal sei nach wie vor gültig: „In ‚My God is my Co-Pilot' bestätigten die GIs, daß das, wofür sie letzten Endes kämpften, das amerikanische Mädchen war. Es bedeutete für sie, so sagten sie, Coca Cola, Hamburger und saubere Plätze zum Schlafen. Nun ist aber das amerikanische Mädchen, wie es von den Coke-Reklamen porträtiert wird, immer schon ein Archetyp gewesen. Egal, mit wieviel Oberschenkel sie prüde protzt – sie ist süß, asexuell und kindhaft unschuldig. Ihr Fleisch ist fest und drall, aber sie ist rein wie eine Seifenblase. Sie ist sauber und für jeden Spaß zu haben."[10]

Bisher war nur von Coca Cola als dem Urtyp der Cola-Getränke die Rede. In den letzten Jahren ist aber Pepsi Cola aus dem Schatten des großen Bruders getreten und hat ein neues Coke-Getränk kreiert. Zunächst stilisierte es sich als das jüngere Cola, als das California-Girl im Gegensatz zur alten Coca Cola, die – wie der Marketingforscher Richard S. Tedlow schreibt – mit Mutterschaft, der Flagge und „country sunshine", also schlicht mit „Mutter Amerika" assoziiert wurde. Damit gewann Pepsi vor allem die jugendlichen Zielgruppen.

Der letzte und vielleicht bemerkenswerteste Wurf gelang Pepsi aber mit der Kreation eines neuen Produktes, dem „Crystal Cola". Wie schon der Name verrät, ist dieses neue Cola eine transparente, kristallklare Flüssigkeit. Es liegt nahe, dieses erfolgreiche Produkt mit dem allgemeinen Trend zu mehr Klarheit, Durchblick und Reinheit zu erklären.[11] Doch es geht um mehr, nämlich um eine schrittweise Verwandlung des Frauenbilds in einen neuen, einen kalifornischen Engel, dem nichts Dunkles mehr anhaftet, sondern der nur mehr ein leichtes, flüchtiges Wesen sein will. Das entspricht einem modernen, helleren und klareren Frauenbild. Vielleicht ist den Markentechnikern des Weltkonzerns hier ein Wurf gelungen, der eine neue Ära der Erfrischungsgetränke einleitet. Es scheint so, als müßten sich in dem Maße, wie sich das Verhältnis zwischen Mann und Frau ändert, auch die Coca-Getränke ändern.

Die Cornflakes – Das Manna für die Endzeit

Cornflakes, breakfast cereals, das ist seit den Tagen der GIs in Europa unser „Good morning America" und wird mit hungrigen Kids, Nachwuchs und Lebensfreude assoziiert. Um so mehr muß erstaunen, daß Kinder so ziemlich das Letzte waren, was Dr. Kellog, der Erfinder der Cornflakes, sich wünschte und daß er die Gesundheit nicht nur von Getreidenahrung und sportlichen Übungen, sondern vor allem von sexueller Abstinenz abhängig sah, daß er sogar ein Traktat über dieses Thema verfaßte und freimütig zugab, ja, sich sogar damit brüstete, seine Ehe nie vollzogen zu haben.[1] Kellogg war Mitglied der Adventisten-Sekte, die mit voller Absicht, aus freiem Willen und tiefer religiöser Überzeugung keine Kinder mehr in die Welt setzen wollte, um die ihrer Ansicht nach unheilvolle Kette der Geschlechter unglücklicher Menschen abreißen zu lassen.

Die Karriere des Dr. Kellogg begann am „Western Health Institute", das von der Adventistin E. H. White, einer äußerst begabten Predigerin, mit dem Ziel der „purity of mind and spirit" gegründet wurde. Die Entstehungsgeschichte dieses Instituts fällt in die frühe Ära der Adventisten, einer der zahlreichen protestantischen Sekten, die sich durch besondere eschatologische Tendenzen auszeichnete.[2] Ihr Gründer, der Baptistenprediger William Miller, war durch eingehendes Studium des Buches Daniel zu dem Schluß gelangt, daß die dort beschriebenen 2.300 Abende und Morgen mit den 2.300 prophetischen Tagen oder Erdenjahren gleichzusetzen seien. Von 457

v. Chr., dem Jahr des Wiederaufbaus von Jerusalem, an gerechnet, kam er auf das Jahr 1843/44. Nach genaueren, endgültigen Berechnungen prophezeite er für den 21. 10. 1844 das Weltende. Er hatte großen Zulauf und gewann 50.000 Gläubige, die sich auserwählt fühlten, um sich auf das Ende vorzubereiten. Als es beim vorhergesagten Termin doch nicht so weit war, zeigten sich die Jünger über das Ausbleiben der Ankunft Gottes bitter enttäuscht und wandten sich von ihm ab. Der Erklärungsbedarf für diese prophetische Panne und das Weiterbestehen der Welt war groß und verlangte nach neuen Theorien und Visionen. Nun trat Sister E. H. White auf den Plan und setzte das Werk der Verkündigung souverän fort.[3] Sie verbreitete mehrere Engelsbotschaften, die den Fortbestand der Welt begründeten und zu einer totalen Lebensreform aufriefen. In einer dieser Botschaften verkündigte sie auch eine Gesundheitsreform, die sich auf vegetarische Rohkost und ein Alkohol- und Nikotinverbot stützte. Künftig sollten nur mehr Früchte, Gemüse und Brot aus Grahammehl, einer Art Vollkornmehl, erlaubt sein.

Was hatte das zu bedeuten? Warum adoptierte diese puritanische Sekte auf ihrer Suche nach totaler Reinheit die Ideen einer, wie wir sie heute nennen würden, vegetarischen Bewegung? Warum wächst diese Botschaft sich zu einer Lebensreform aus, und warum nimmt sie einen immer größeren Teil der adventistischen Aktivitäten – die unter anderem die Gründung des Gesundheitsinstitutes in Battle Field umfassen – in Anspruch? Und warum war dieser Dr. Kellogg ein absoluter Gegner des Sex und vollzog nicht einmal seine Ehe?

Die Projekte der Adventisten wurden durch den Glauben an die „Parusie", an das unmittelbar bevorstehende Glück der Ankunft Gottes geprägt. Ihr Glaube ließ die Leute zunächst in eine allgemeine Euphorie verfallen; nach dem Ausbleiben dieses Ereignisses schlug die Stimmung allerdings in den Verdruß eines langen Marsches um. Die Adventisten hielten sich für auserwählt, die Endzeit schien ihnen nahe. Sie hielten sich dafür in äußerster Reinheit, aßen nur Pflanzen und verweigerten sogar den ehelichen Koitus, was auch aus christlicher Sicht ein Verbrechen gegen das Leben darstellt, weil dadurch jede Nachkommenschaft verhindert wird. In früheren Jahrhunderten wurden solche Abweichungen von den Kirchenvätern streng verfolgt.[4] Die Adventisten wollten aber eben diese Kette des Lebens abreißen lassen, da ihnen das wahre Glück auf dieser Welt nicht erreichbar schien. Sie beschlossen einfach, keinen Beitrag zur Fortpflanzung mehr zu leisten. Die Erlösung von der über die Generationen weitergegebenen Erbsünde schien ihnen nur durch die Gründung einer neuen Religionsgemeinschaft möglich. Sie sollte auf den Regeln des brüderlichen Umgangs und der geschwisterlichen Liebe gegründet sein. Die Taufe bei der Aufnahme war das Sakrament, das von der Erbsünde der genealogischen Zugehörigkeit zum Menschengeschlecht reinigen sollte.

Die Engelsbotschaften der Sister White lieferten die moralischen Anweisungen, wie man die Zeit bis zur Ankunft Gottes zu verbringen habe. Es handelte sich also bei diesem Programm um keine wirkliche Neuigkeit, es steht in der Tradition der Engellehren. Schon die Bezeichnung ihrer Offenbarungen als „Engelsbotschaften" weist darauf hin. Der Engel ist ein vollkommenes Wesen, das sich vor allem durch das Fehlen eines hinfälligen menschlichen Körpers auszeichnet. Im allgemeinen sind sie mit Flügeln ausgestattet, was am deutlichsten ihre Unabhängigkeit von der Erde und der schweren Materie symbolisiert. Genau genommen, ist der Engel eher eine Phantasmagorie des Menschen, der Träger seines asketischen Ideals, ein geträumtes Wesen, das weder Lüste noch körperliche Begierden kennt.[5]

Wir dürfen vermuten, daß Kellogg von den Lehren über die Engel fasziniert war. Etwa von dem angesichts der immateriellen Struktur der Engel überraschenden Bericht des Justinus, daß diese auch essen, und zwar das Manna, das von Gottes Thron fällt.[6] Obwohl Thomas von Aquin diese Behauptung später relativiert, indem er von einem rein geistigen Essen spricht, ließ Mr. Post, ein Konkurrent des Dr. Kellogg, sich davon nicht beirren und hätte seinem Produkt den Namen „Elija's Manna" gegeben, wenn nicht die amerikanischen Behörden aus Gründen der Pietät diese Trademark verboten hätten.[7]

Wenn Engel auch essen, so steht doch fest: Sie kopulieren nicht, wie Dionysius Aeropagita bei der Untersuchung eines Engelskörpers konstatieren konnte. Zum einen liegt ihnen jede Sinnenlust fern, zum anderen fehlt ihnen dafür auch das entsprechende Organ: „Daß sie jeder erdhaften Niedrigkeit enthoben sind, daß sie überweltlich nach oben streben und von jedem untersten Gliede unerschütterlich weggerückt sind, daß sie um das wahrhaft Höchste mit ganzer Vollkraft ohne Wanken und sicherstehend gestellt sind."[8] Auch Dr. Kellogg handelte nach dieser Maxime ...

Übrigens ist Kellogg die Erfindung der Cornflakes keineswegs leicht von der Hand gegangen. Lange irrte er im Labyrinth seiner ernährungswissenschaftlichen Theorie herum und setzte zunächst auf Zwieback, um die sexuellen Gelüste zu dämpfen. Als sich jedoch ein Patient und Glaubensgenosse einige Zähne daran ausbiß und ganz und gar unbrüderlichen Schadenersatz verlangte, suchte Dr. Kellogg nach einer weicheren Alternative.[9]

Ein Traum im Jahre 1885 gab ihm zu verstehen, wie man Getreide in Flocken verwandelt.[10] Dies konnte wohl nur als Zeichen des Himmels verstanden werden, der auf diesem Wege das Konzept der göttlichen Flocke mitteilte. Die Idee der Flocke verlieh dem schweren und derben Charakter des Getreides ein neues Element der Leichtigkeit und Beflügelung. Auf diese Weise gelang Kelogg die Vermählung von Himmel und Erde, von Demeters Produkten mit den flüchtigen Elementen des Olymps: Getreide, das nicht mehr auf irdischer Herkunft beruht, sondern sich zart als Flocke vom Himmel herabsenkt und sich mit den mütterlichen Milchfluten vereinigt. Schlüssel zu einem Leben, das sich von der alten fleischessenden Kultur verabschiedet. Eine Haltung, die beim Essen von Körnern und Keimen Leben einzunehmen vermeint, beim Verzehr von Fleisch an Schlachtung und Blut denkt und der Unreinheit zu verfallen glaubt. Auf jeden Fall aber der Bruch mit einer bürgerlichen Ideologie, die noch immer auf dem wöchentlich wiederkehrenden Sonntagsbraten besteht.

Auch wenn die Umsetzung in die Praxis erst nach geraumer Zeit funktionierte, wurden die Cornflakes auf Anhieb ein großer Publikumserfolg. Schon im ersten Jahr verkaufte er mit seinem Bruder, der ebenfalls ins Geschäft eingestiegen war, über 100.000 Pfund dieser Ware. Nur die ehrwürdige Sister White kritisierte seinen Erfolg, da sie ihn, nicht zu Unrecht, der Kommerzialisierung einer religiösen Idee bezichtigte. Kellogg hatte allerdings keine Probleme, den wachsenden kommerziellen Erfolg mit seiner Theorie der Engelsnahrung zu vereinbaren. Geld ist aufgrund seines immateriellen Charakters offensichtlich ein Medium, das zur Kommunikation mit den Engeln geradezu prädestiniert zu sein scheint.

Schwerer traf ihn, daß sein Bruder den Cornflakes Zucker beimengte. Das war nun für Dr. Kellogg die endgültige Verweltlichung einer heiligen Idee, denn Zucker ermunterte seiner Meinung nach geradezu zu Sex, und diesen hoffte er doch mit den Cornflakes zu unterbinden. Er ging so weit, gegen seinen Bruder Klage zu führen, der aber letztlich als der Geschäftstüchtigere die Kontrolle über die Firma gewann.

Es ist klar, warum Kellogg der Zucker so verdächtig erschien. Zucker als der irdische Rohstoff schlechthin, als Symbol für Süße und Verführung bedeutete eine echte Bedrohung für sein angelogisches Konzept. Zucker verklebt das Gefieder der Engel. Aus ernährungswissenschaftlicher Sicht war es vielleicht auch die Zufuhr an Energie, die ihn beunruhigte. Mehr Energie bedeutet schnelleres Wachstum und führt daher zu früherer Vermehrung.

Heute ist erneut ein Bewertungswandel des Zuckers in den Cornflakes eingetreten. Zwar fürchtet man sich nicht, wie Dr. Kellogg, vor sexueller Stimulierung, sondern vor chemischer Verfälschung durch künstliche Beigaben der Industrie. Der hohe Zuckergehalt vieler Lebensmittel soll Stoffwechselerkrankungen hervorrufen. In Amerika führte das zu zahlreichen Namensänderungen bei den „cereals", wie dort die Getreideflocken genannt werden. Aus „Sugar Crisp" wurde „Super Golden Crisp", „Sugar Pops" wurden zu „Corn Pops" …[11]

Die Cornflakes sind also der ehrgeizige Versuch, den Menschen nach dem Muster der Engel zu formen. Ihre Entwicklung als Nahrungsmittel beruht keineswegs auf Gesundheitsbedenken – Erwägungen etwa, die den Fleischkonsum als zu proteinreich und daher als schädlich eingestuft hätten. Die Adventisten verzehren diese Flocken, um für die Ankunft Gottes gerüstet zu sein. Ihr Traum war ein überirdischer Körper, von Cornflakes genährt und von den Fesseln des Fleisches befreit.

Das Fahrrad –
Der Wahn des
Kentauren

Rayner Banham, der bekannte englische Kunsthistoriker und Spezialist für moderne Architektur, pflegte in den frühen sechziger Jahren in London ein Fahrrad zu benützen. Als er eines Tages einen bekannten linksstehenden Autor und Sozialkritiker auf der Straße traf, blickte dieser schmunzelnd auf das Fahrrad und meinte: „Cycling, isn't it a bit atavistic, isn't it?"[1] In der Tat, der Autor, der so recht auf der Höhe des sozialistischen Fortschrittsdenkens seiner Zeit war, hatte recht, denn zu jener Zeit war Radfahren in der Stadt völlig aus der Mode. Fahrräder waren Dinge, mit denen sich progressive und urbane Menschen nicht umgaben, sie verkörperten eine Ignoranz gegenüber der Macht des Motors, die lächerlich, ja geradezu peinlich wirken mußte. Räder waren Gegenstände des ländlichen Ambientes, wie Kühe, Ochsen oder Schweine; sie waren Fortbewegungsobjekte für Bauern, Landpomeranzen und andere Hinterwäldler.

Daher war für einen linken, fortschrittsgläubigen Menschen, der Marx und Hegel gelesen hatte und nur noch den endgültigen dialektischen Schritt zur sozialistischen Gesellschaft abzuwarten brauchte, ein derartiges, mit Körperkraft betriebenes Vehikel atavistisch und reaktionär. Ja, man könnte geradezu von einem provokativen Akt der Bourgeoisie sprechen, der den revolutionären Elan der Arbeiterklasse sabotieren wollte.

Banham hatte also die schwierige Aufgabe, diesem Herren wie

auch seinen Lesern zu erklären, wieso er denn ein derart rückständiges Gerät benütze. Denn er ahnte wohl, daß seine persönliche Wertschätzung des Designs des „Alex-Moulton"-Fahrrads aus Bradford on Avon in England, das, mit wenigen Handgriffen zerlegbar, als das bequemste Fahrrad der Welt galt, nicht jeden überzeugen würde. Auch wenn es für ihn, den renommierten Designtheoretiker, als das Nonplusultra des Funktionalismus galt, konnte er keineswegs annehmen, daß es auch von allen Lesern als Zeichen des Fortschritts verstanden würde.

Er setzte zu einem weit ausholenden Erklärungsversuch an. Dabei berief er sich auf seine Herkunft aus der Arbeiterklasse in Norwich, wo der Proletarier noch immer auf Fahrräder angewiesen sei. Von dieser Erinnerung ausgehend, diskutierte er den engen Zusammenhang von „Working-class-culture" und „Pop-culture" und plädierte letztlich für eine Pop-culture, in der auch Fahrräder wieder akzeptabel wären. Erst auf der Basis dieser klassenkämpferisch-korrekten Argumente traute er sich, für das Fahrrad einzutreten.

Heute, 30 Jahre später, wäre eine Neuauflage dieser Anekdote schwer vorstellbar. Mittlerweile ist das Rad das Wappentier der Grünen, es schmückt die Embleme der Ökologen und surrt leise auf den Radwegen. Niemand käme mehr auf die Idee eines Rechtfertigungsversuches. Und das wäre ein vielleicht gar nicht so einfaches Unterfangen, wie der folgende Versuch zeigt.

In dem Essayband „Hortus Vitae – Essay on Gardening of Life", der um die Jahrhundertwende von Vernon Lee, einer Kunstschriftstellerin im Umkreis von Henry James, verfaßt wurde, findet sich folgende Passage: „Der groteske Eisenrenner, dem etwas von der absurden Geisterhaftigkeit der Heuschrecke anhaftet, ist ein Geschöpf mit unendlichen Fähigkeiten für die beste Art der romantischen Einbildungskraft – die Romantik der Phantasie. Es mag sich (wie ich immer schon vermutete) durchaus als eben jenes geheimnisvolle Roß erweisen, das abenteuerlustige Ritter und Edelfräuleins durch Wälder der wunderbaren Verzauberungen trug, die Flügel ausbreitend, einem Hippogryphen gleich, der in die Höhe flog, wenn die Feen fehlten oder neidische Hexenmeister ihr Unwesen trieben."[2] Ihre Beschreibungen von märchenhaften Ausflügen einer vornehmen Schar, die Damen in Blusen mit Puffärmeln, die Herren mit Knickerbockern und Baskenmützen nach der neuesten Mode König Edwards, mögen unserer nüchternen Zeit fremd vorkommen.

Daher könnte man es zunächst bei einem Hinweis auf die ökologische Qualität belassen, wonach Räder umweltfreundlich sind, weil sie eben kein Benzin brauchen. Man könnte diesen Gedanken auch wissenschaftlich fassen und den Aufstieg des Rades zum ökologischen Wappentier mit einem energietechnischen Geheimnis zu begründen versuchen. Man könnte dabei mit der Entlastung der Körpermuskulatur vom Körpergewicht argumentieren. Durch ein kleines technisches Wunder kommt das Fahrrad nämlich im Vergleich zu anderen Verkehrsmitteln mit der geringsten Bewegungsenergie aus.[3] Der Radfahrer ist gleichsam das Spitzenprodukt der biologischen Evolution, das unter gänzlichem Verzicht auf Gentechnik zustande gekommen ist.

Wie aber kommt es zu dieser merkwürdigen Verschmelzung von Körper und Rad? Schließlich gibt es das Fahrrad erst seit rund 100 Jahren, während das Rad selbst schon seit einigen Jahrtausenden bekannt ist. Was veranlaßte den Menschen über Jahrhunderte hinweg zu einem kombinatorischen Spiel mit völlig verschiedenen Elementen, die ursprünglich überhaupt nichts gemein hatten? Wie entstand diese Geschichte der Verflechtung von Gesten, Körpern und Objekten, die vom primitiven Reiter zum Fahrrad führte? Eine Entwicklung übrigens, die, wie McLuhan meint, keineswegs im Fahrrad endete, sondern im Flugzeug ihre direkte Fortsetzung fand.[4]

Aus der Sicht der Technikgeschichte waren es vor allem drei Erfindungen, die die Geburt des Fahrrads ermöglichten.[5] Der badische Ingenieur Karl Friedrich Drais, der zeitlebens den Menschen mit dem Blick des Mechanikers betrachtete und dabei exakte Kenntnisse seiner Motorik erwarb, setzte diese Studien in die Entwicklung neuartiger Fahrzeuge um. Eines der Resultate war 1817 die Erfindung des „Velocipeds", der ersten lenkbaren zweirädrigen Laufmaschine, dem ersten Vorfahren des Fahrrads. Zuvor schon hatte er eine vierrädrige Version eines über eine Kurbelwelle handbetriebenen Fahrzeugs vorgestellt. In dieser Kombination aus Fahrrad und Leiterwagen kündigte sich bereits der bahnbrechende Charakter seiner Entdeckungen an. Das Velociped, das Zweirad, war die Krönung seiner kräfteökonomischen Studien, mit der er den noch heute gültigen Prototyp schuf. Freilich fehlte noch Wesentliches zum heutigen Fahrrad, da man sich ständig mit den Füßen vom Boden abstoßen mußte. Das änderte sich fünfzig Jahre später durch die Erfindung der Pedale, die Henri Michaux zugeschrieben wird. Die Grundidee dabei war, wie bei einem Schleifstein am Laufrad Kurbeln anzubringen. Drais hatte bei seinem vierrädrigen Fahrzeug nur auf Handkurbelbetrieb gesetzt und die genial einfache Lösung der Pedale übersehen.

Aber immer noch fehlte ein wesentliches Konstruktionselement zum endgültigen Durchbruch des Fahrrades: das Speichenrad. James Starley, dem Nähmaschinenkonstrukteur, der sich „maschinist" nannte – die im Amerika des neunzehnten Jahrhunderts gängige Bezeichnung für Ingenieur –, war dieser letzte entscheidende Schritt vorbehalten. Ihm gelang es, die wuchtigen und schweren Räder mit ihren dicken Eisen- oder Holzspeichen durch das leichte Speichenrad zu ersetzen.

Bei genauerer Betrachtung stellt sich die Geschichte des Fahrrades aber keineswegs als eine bloße Kombination aus drei individuellen Erfindungen dar. Schließlich sind Erfinder letztlich nur erfolgreiche Exponenten kollektiver Phantasien. In ihren Gehirnen verdichten sich die Träume der Menschheit zu einer Tat, die wir als Erfindung bezeichnen.

Anthropologisch betrachtet, ist das Fahrrad zunächst nur eine Fortsetzung der alten Reiterphantasien des Menschen. Laut Virilio ist das erste Reittier und Transportmittel des Menschen aber nicht das Pferd, sondern die Frau.[6] In ihr wächst der Mensch heran, auf ihrem Rücken „reitet" das Kleinkind, wie noch heute bei den Eingeborenen, und sie schleppt die Lasten. Ihr Rücken und ihre Hüften werden zum Modell für Reiseausrüstungen, die ganze Automobilität ist von dieser „Infrastruktur" geprägt.

Wer aufs Pferd steigt, hat die Grenzen der eigenen Konstitution überwunden, er überragt die anderen, beherrscht die Untengebliebenen und ist stärker als sie. Im Kampf kann er hinter ihnen herjagen und sie in alle Winde zersprengen. Das Pferd ist für zwei Jahrtausende das kulturelle Modell für Expansion, Reise und Mobilität. Aber all dies findet noch in der Phantasiewelt kentaurischer Wesen, halb Mensch, halb Pferd, statt – in einer Welt, in der Tier- und Menschenkörper verschmelzen. Die Beziehung zum Pferd ist eine zutiefst erotische. Bevor sich diese symbiotische Verbindung zwischen Mensch und Tier als Modell für modernere Transportmittel eignet, müssen die libidinösen Verhältnisse in abstrakte und rationale Bahnen gelenkt werden. Es bedarf einer Sublimierung des Zentauren.

Das ist die Grundkonstellation für die weitere Entwicklung des Fahrrads. Das Vorbereiten des Pferderückens, der Kruppe, wird jetzt auf den Fahrradsattel verlegt, und in einer kühnen Phantasie verschmilzt der Fahrer selbst mit dem Pferd, indem er seine fortbewegende Rolle übernimmt.

Wer an einer genaueren Bewegungsanalyse interessiert ist, der kann sich ein Pferdefuhrwerk vorstellen, bei dem der Kutscher eigentlich ein Reiter ist, da der Langbaum des Wagens als die Verlängerung des Pferderückens zu sehen ist.[7] Das Ziehen des Wagens ist aus der Bewegung des Reitens hervorgegangen, und der Kutscher ist, abstrakt gesehen, ein Reiter. Der Kutscher stellt also die Verbindung von Pferd und Rad her. Er sitzt über den Rädern und ist durch die Verbindung zum Langbaum zugleich ein Reitender. Der unmittelbare Vorläufer des Radfahrers ist also, physikalisch betrachtet, eigentlich der Kutscher.

Wir bleiben dennoch bei unserer Behauptung: Der Radfahrer ist der Kentaur unseres Jahrhunderts. Freilich setzte dies zunächst eine Verwandlung in einen protestantischen Ingenieur voraus, in jenen James Starley, der das Speichenrad erfunden hatte. Waren die früheren Speichenräder dick und fest, so vermißte der gesunde Menschenverstand bei den dünnen Drahtspeichen jene Festigkeit, die scheinbar nur durch Massivität und Dicke zu gewinnen war. Denn während die alten Speichenräder mit Druck von der Felge zur Nabe hin konstruiert waren, war es beim neuen

Speichenrad genau umgekehrt. Die Wirkung der Kräfte beim Speichenrad wird nicht mehr durch reine Anschauung verständlich. Die unter Zugspannung stehende Felge nimmt die Last von dem über ihr liegenden Segment der Felge ab, und der Druck wird dadurch über die ganze Felge verteilt. Erst durch diese Erfindung konnte man die schweren Wagenräder ersetzen und ein leichtes, praktikables Fahrzeug bauen. Das Speichenrad war ein Beispiel für das neue technische Denken der Leichtbauweise, das die alte Anschauung der ausschließlichen Gewährleistung von Stärke durch entsprechende Massivität auf den Kopf stellte.

Für Buckminster Fuller, den Ingenieur, Designer und exzentrischen Erfinder der „geodätischen Kuppel", die der Überwölbung ganzer Städte dienen sollte, stellt das Drahtspeichenrad geradezu den Ausgangspunkt eines neuen Weltbildes dar. Die Beobachtung, daß zwölf die kleinstmögliche Anzahl von Speichen ist, die dem Speichenrad Stabilität verleihen, führte ihn zu einem philosophischen Exkurs: „Bei der Betrachtung der zwölf verschiedenen Vektoren der Freiheit, die fortwährend und nichtredundant zwischen den zwei Polen des Rades wirken – seiner verinselten Nabe und seinem verinselten Atom-Ring, einem tatsächlich milchstraßenähnlichen Ring einer Unzahl von Sterneninseln, die die Nabe in gerader rechtwinkeliger Stellung zur Nabenachse umkreisen – entdeckte ich, daß diese höchst ökonomische Anordnung der Kräfte auch das kleinste mögliche System der Natur sei, das eine stabile Konstellation von kompressiver Diskontinuität und tensionaler Kontinuität vorstellen kann ..."[8] Hier wird das Speichenrad zum Abbild des gesamten Kosmos. Sterne, die auf Planetenbahnen die Himmelskörper umkreisen, stehen ja auch unter Zugspannung, nämlich der der Gravitation zum Zentrum. In der Tat funktioniert das Speichenrad nach dem Vorbild der atomaren Struktur der Materie. Ähnlich wie die um den Atomkern kreisenden Elektronen wird die Felge von der Nabe angezogen.

Marcel Duchamp erkannte diese besondere Verdichtung technischer und symbolischer Qualitäten und machte das Speichenrad zum Kunstwerk, indem er es in seinem Atelier aufstellte. Dieses „bicycle wheel" war ein frühes Ready-made und behielt für ihn bis zuletzt die Bedeutung eines ultimativen Objekts.

Doch bevor das Fahrrad durch Duchamps Signatur in die Ästhetik der Moderne Eingang fand, erlebte es die Höhepunkte seiner Laufbahn im Highlife der vornehmen Welt. Zu Beginn unseres Jahrhunderts war es in Rom die natürlichste Sache der Welt, den Fürsten Vlakow in Knickerbockern bei einem Fahrradausflug in Begleitung befreundeter russischer Damen zu sehen. Niemand hat gelächelt, als man hörte, daß Prinz Waldemar eine Gruppe von jungen Prinzen, die seine Gäste waren, auf dem Fahrrad zum Grab von Hamlet und zur Wohnstätte von Ophelia in Elsinor geführt hatte. Es war die Zeit, als Carlo Placci, wenn er am Morgen von seinem Haus in Algier losradelte, mit Bedauern feststellen mußte, daß weder sein „Kodak" noch sein neuestes Modell eines amerikanischen Fahrrads irgendwelches Erstaunen auslöste.[9]

Dennoch brachte dem Fahrrad weder die leichtere Konstruktion noch die Nobilitierung durch die Aristokratie den durchschlagenden Erfolg. Das globale Rennen der Verkehrsmittel wurde längst zugunsten der motorisierten Fahrzeuge entschieden. Verschüttete Reiter- und Eroberungsmotive können sich in Autos und brüllenden Motoren besser verwirklichen. In dem parallel zur Entwicklung des Fahrrads sich vollziehenden Aufstieg des Autos ist dem Menschen eine erfolgreichere Verbindung von Stuhl und Maschine, von Sitzen und motorisierter Schnelligkeit gelungen.

Das Auto bestimmt die Rangordnung der übrigen Verkehrsmittel. Für Jahrzehnte galt Motorisierung als Zeichen des allgemeinen Fortschritts und Radfahren als ein archaischer Akt. Das wachsende ökologische Bewußtsein hat die Gewichtung leicht verändert und die Ästhetisierung des Radfahrens wieder vorangetrieben. Das gilt übrigens nicht nur für die Grünen, sondern auch für konservative Kreise, die sich auf die alte Tradition des Rades besonnen haben.

So gilt es im Zeichen der Vollmotorisierung in England als Symbol einer gewissen anachronistischen Eleganz, wenn in der City das Fahrrad benutzt wird. In London fahren gelegentlich die „Sloane Rangers", im traditionellen Nadelstreif – der natürlich in der Saville Row gefertigt wurde –, die teure Hose mit Klammern in die Socken gestopft, mit den bei Lobbs angemessenen Schuhen, mit dem „bicycle" zu Bank und Börse.[10] Das Fahrrad paßt perfekt in ihre konservative Ästhetik, denn: Das Rad ist archaisch, es ist ein Pferd, das man weder füttern noch striegeln muß, und es erfüllt das wichtigste Motiv der abenteuersüchtigen Jugend: Es ist gefährlich.

Der Geist des Fahrrads lebt auf überraschende Art in einem anderen Verkehrsmittel fort, das auf den ersten Blick gar keinen Bezug zum Fahrrad zu haben scheint: im Flugzeug. McLuhan verweist auf den bemerkenswerten Umstand, daß es erst mit dem Fahrrad gelungen sei, das Rad in einen aerodynamisch ausgeglichenen Zustand zu versetzen. Im Grunde handelt es sich um nichts anderes als um zwei hintereinander gesetzte Räder, die sich gegenseitig stabilisieren und die mit der Beschleunigung das Prinzip der Linearität erreichen, was sie zum Vorläufer des Flugzeuges macht. Er hält es für keinen Zufall, daß die Gebrüder Wright Fahrradmechaniker waren und die ersten Flugzeuge in mancher Hinsicht den Fahrrädern glichen.[11]

Eine kriegerische Variante des Traums vom Fliegen per Velo findet sich in der Schweiz, wo die Armee das Fahrrad als Ersatz für Erdkampfflugzeuge einsetzte. Seit 1891 existiert in der Schweiz eine eigene Radfahrertruppe.[12]

Eine besondere Bedeutung für die Konstruktion des Fahrrads hat der Aspekt der Symmetrie. Erst die Fähigkeit des Menschen zur Symmetrie und die damit einhergehende Auspendelung der Seitenkräfte ermöglicht die Stabilisierung der beiden Räder und die optische Orientierung am linearen Prinzip, von dem McLuhan spricht. Jeder Radfahrer kennt das Gefühl des beinahe schwerelosen Dahingleitens, wenn er die Lenkstange losläßt und die Arme ausbreitet – eine Vorstufe des Fliegens.

Das erinnert an die Entstehung der ersten fliegenden Wesen, indem die Evolution die Körper immer leichter machte und die Flossen oder Arme zu Flügeln weitete. In der Geste des Radfahrens steckt noch dieses Moment der Gewichtsbefreiung des Menschen, die in den Zustand des Schwebens überführen kann.

Sie deutet damit eine jener geheimnisvollen Schnittstellen der Evolution an, wo Körper durch Veränderung ihrer Gestalt eine neue Beziehung zur Materie aufnehmen, sich aus dem Reich der Erde ins Reich der Lüfte schwingen.

Die Halogenstrahler –
Das Licht des elektrischen
Himmels

Als Achille Castiglioni 1964 im puristischen Ambiente einer Ausstellungshalle ein Objekt präsentierte, das aus nichts anderem als einem Scheinwerfer bestand, der durch die am Bogen einer Bandsäge befestigten Kabel mit einem Trafo verbunden war, hatte er den Prototyp des Halogenscheinwerfers erfunden.[1] Erfunden ist vielleicht zuviel gesagt, denn diese Kombination von Autoscheinwerfer, Batterie und Kabel war eine jener genialen Abstraktionen des Designs, die zwar selbstverständlich scheinen, die man aber erst einmal entdecken muß. Schließlich mußte man zunächst das Auto wegdenken und durfte nur Scheinwerfer und die Batterie übriglassen. Jedenfalls war es einer jener großen kreativen Akte des Minimalismus in der Tradition des klarsichtigen romanischen Rationalismus, der bahnbrechend wirkte, auch wenn der Siegeszug des Halogenlichtes erst zwanzig Jahre später einsetzte.

Und wenn wir uns hier die Aufgabe stellen, diesen Erfolg zu ergründen, so führt uns dies tiefer in das Feld von Philosophie und Religion, als man meinen möchte. Natürlich kann man schnell einige Gründe angeben. Man könnte mit Recht sagen, daß der Minimalismus der Konstruktion den Vorstellungen der puristischen Architektur entgegenkam und daß sich das kühle Licht ebenfalls in dieses Konzept einfügte. Aber kann das allein den unglaublichen Welterfolg dieser Beleuchtung erklären? Gibt es nicht vielleicht einen tieferen Grund dafür? Ist nicht etwas an diesem Licht, an seiner kristallenen Kühle und blitzenden Reinheit, das sehr viel tiefer ins Bewußtsein reicht und das uns bis in die Metaphysik des Lichtes führen kann? Gewiß, als Menschen sind wir vom Licht abhängig. Aber vielleicht wird hier etwas im kollektiven Unterbewußtsein, oder wie auch immer wir unser unbekanntes, gemeinsames kulturelles Erlebnisfundament bezeichnen wollen, berührt, das weit über die profane Vorstellung des Lichtes als einer simplen Quelle der Beleuchtung hinausführt.

Möglicherweise haben die Lichtfunken des Halogenlichtes tatsächlich alte archetypische Bilder vom Licht realisiert. Vielleicht handelt es sich wirklich um so etwas wie um einen Glanz des Nordlichts, des Lichts, das in Mysterienreligionen und vor allem in den Lehren des Manichäismus eine wichtige Rolle spielt. Denn soviel steht fest: Keine technische Beleuchtung erreichte je einen vergleichbaren Grad an funkelnder, strahlender Kühle und keine verkaufte sich jemals besser als das Halogenlicht.

Ist es nicht merkwürdig, daß die Lichtmetaphorik, die in den gnostischen Schriften verwendet wird, auch auf das Halogenlicht zutrifft? Ist es nicht seltsam, daß die Sufis, um nur eine iranische Religion zu nennen, so viel von Lichtsäulen, Lichtfunken und dem Land des Lichtes sprechen, als wären sie die modernen Vertreter der Leuchtkörperindustrie und nicht eine persische Mysterienreligion des dritten nachchristlichen Jahrhunderts?[2]

Was macht diese Faszination des Lichtes aus, die so tief im religiösen Bewußtsein verwurzelt ist, daß sie die merkwürdigsten Lehren hervorgebracht hat? Warum träumt die Religion, wir kommen noch darauf zu sprechen, von derart sonderbaren Dingen wie dem Nordlicht als der Sonne zur Mitternacht, und warum sollte daraus der Zustand einer endgültigen Ekstase des Herzens hervorgehen?

Mag sein, daß heute kaum ein aufgeklärter Mensch noch an die Sufi-Religion oder an verwandte Erlösungstheorien glaubt. Aber warum simulieren wir gerade mit den Möglichkeiten der Technik Lichtverhältnisse, die aus Lichtfunken oder Lichtsäulen bestehen und die alle Möglichkeiten der magischen Wirkung des Lichtes voll ausschöpfen? Liegt hier nicht vielleicht doch ein geheimer Zusammenhang zwischen Lichttechnik und Seele vor, der sich seit langem abzeichnet und erst jetzt deutlicher zutage tritt?

Was aber könnte hinter dieser manischen Lichtsehnsucht stehen, die wir heute nicht mehr verstehen, obwohl wir durch die Technik deren imaginären Spuren folgen? Sind wir denn tatsächlich so aufgeklärt, daß wir unerschütterlich an den Fortschritt der Geschichte, das fortwährende Wachstum der materiellen Güter, das nahende Glück der Menschheit oder ähnliches glauben? Im Gegenteil, die Welt dürfte vielen Menschen eher als ungemein schwer zu durchschauendes, monströses Labyrinth erscheinen, von gigantischen technischen Systemen durchwuchert, die uns den Blick nach dem Licht, das den Ausweg aus dem Chaos dieser höhlenartigen Existenz weisen könnte, verwehrt. Die Verhaltensweisen mancher Weltflüchtiger in Droge, Alkohol und Internet weisen darauf hin.

Die Gnostiker empfanden die Welt als eine riesige Höhle, in die man hineingelangt ist, aber die zu verlassen man nicht mehr imstande war. Nur das ferne Leuchten des Lichtes deutete auf die Möglichkeit der Erlösung aus dieser versprengten Existenz hin.[3] Von der Kraft des Lichtes versprach man sich die Loslösung vom Irdischen ins Himmlische und hat damit die Befreiung von der Fessel des Fleisches und die vollkommene Verwandlung in Geist gemeint.

Auch in der Geschichte der technischen Beleuchtung oder besser: der Geschichte des künstlichen Lichtes läßt sich ein ebensolcher Trend zur Dematerialisierung bemerken. Zunächst basiert die Idee des künstlichen Lichtes immer auf der Verwandlung von Materie in Licht, die damit auch immer eine Metapher der Befreiung von irdischer Schwere war. Licht ist stets das erlösende Endresultat des transformierten Körpers, der seinen materiellen Teil hinter sich gelassen hat. Dieser Vorgang ist bereits bei Kerze und Öllampe, den frühen Formen des künstlichen Lichtes, zu beobachten. In seiner Studie „Die Flamme einer Kerze" philosophiert Gaston Bachelard über das Wesen der Flamme[4]: Beim Anblick der Flamme, die wie eine brennende Flüssigkeit in einem senkrechten Strom in die Höhe, gegen den Himmel fließt, offenbart sich eine geradezu transzendente Dimension. Dieses Feuer erreicht den Zustand voller Reinheit, indem es Licht und restlos von den Qualen der Materie befreit wird. Das Licht, das gleichsam erst nach dem Kampf mit der Materie entstehen kann, ist in dieser idealistischen Kosmologie die eigentliche treibende Kraft des Feuers.

Kerze und Öllampe gewinnen Licht noch aus Wachs und Öl. Eine erdig-materielle Substanz brennt und verwandelt sich in Licht. Auch die Gasbeleuchtung funktioniert nach einem ähnlichen Prinzip. Erst mit der Elektrizität kommt eine neue, abstrakte Energieform auf, deren materieller Anteil sich nur noch durch den ständig abnehmenden Wärmegrad des Lichtes bemerkbar macht.

Die Erfinder der Leuchten und Lichtquellen wurden tatsächlich vom Wunsch nach größerer Reinheit des Lichtes angetrieben. Vielleicht waren sie vordergründig zunächst nur auf die Beseitigung von Gasgestank, Ruß- und anderen Rückständen aus, die Kopfweh oder Erbrechen verursachen konnten. Vielleicht war ihre Suche nach Reinheit noch ohne metaphysischen Hintergrund. Aber die Strategie war im Grunde die gleiche, sie lief auf eine Reduktion des materiellen Anteils hinaus.

Licht konnte zwar für das Auge erhaben sein, aber wenn die Nase darunter litt, blieb die ideelle Wirkung auf der Strecke. Die Nase, die uns den direktesten Kontakt zur Materie durch die Aufnahme feinster Partikelchen ermöglicht, war auch im neunzehnten Jahrhundert ein Organ der Erde und des Tieres. Sie stand dem Streben nach einem reinen Körper entgegen, der tunlichst nicht aus Fleisch und Blut, sondern aus feinstem geistähnlichem Gewebe sein sollte. Die Lichtwahrnehmung wurde durch den Verbrennungsgeruch des Gases oder Öles empfindlich gestört. Auf nichts anderem beruhte die Motivation zur Erfindung der elektrischen Glühkörper. Es lag im Charakter des Lichtes, daß sich seine Reinheit metaphysisch ebenso wie olfaktorisch ausdrücken lassen mußte.

Aber selbst mit dem elektrischen Licht, das durch die Glühbirne erzeugt wurde, war man nicht ganz zufrieden, „weil es als Glühlicht etwas Starres und Körperloses, Abstraktes hatte".[5] Die große Helligkeit des Glühfadens verlieh der Birne etwas Sonnenhaftes. Die Lichtstärke, die der brennenden Gasflamme entsprach, erzeugte ein für die Augen zu grelles Licht, das man durch Schirme abzudämpfen versuchte. Diese Sonne hatte zu viel Eigenkörper und machte aus den Gegenständen starre, körperlose, abstrakte Elemente. Bachelard meinte, daß die Glühbirne uns „niemals die Träumereien ermöglichen wird, die jene lebendige Öllampe mit ihrem Licht entstehen ließ. Wir leben im Zeitalter des verwalteten Lichtes".[6]

Während der Bombenangriffe im Krieg entdeckt Wilhelm Hausenstein das Besondere des Kerzenlichts: „Neuerdings versagt oft das elektrische Licht. Da sind wir auf ein paar Kerzen angewiesen ... so haben wir wahrgenommen, daß alle Gegenstände in dem schwächeren Licht der Kerze ein ganz anderes, das heißt: ein viel tieferes und höheres Relief gewinnen – das eben der wirklichen Dinglichkeit. Unter dem elektrischen Licht ist es verlorengegangen: Die Sachen liegen darunter (scheinbar) zwar deutlicher; aber in Wahrheit macht das elektrische Licht die Dinge platter, es teilt ihnen zuviel Helle mit, und damit verlieren sie an Körper, an Umriß, an Substanz, an Wesen überhaupt."[7]

Ein zu hohes Maß an energiereichem Licht erzeugt zu viel Helle und widerstrebt damit der Idee der Dematerialisierung, die eine Befreiung vom Körperlichen und ein Loskommen von hohen Energiequanten meint. Die Glühbirne ist ein heißes Licht und symbolisiert viel eher Sonne, Materie und Energie, sie kann daher nicht den Befreiungs- und Erlösungsphantasien entsprechen. Durch die gleichmäßige Beleuchtung verlieren die einzelnen Dinge an Profil. Der Verlust der Tiefenwirkung bei traditioneller elektrischer Beleuchtung bedeutet den Verlust jener Aura, die Walter Benjamin als das imaginäre Moment einer Einmaligkeit und Ferne beschreibt. Die Echtzeit und sonnenhafte Universalität der Glühbirne erzeugen das völlige Gegenteil der Aura, nämlich die absolut nüchterne Präsenz des Objektes. Diese Dichte der Gegenwart steht in krassem Gegensatz zur Wirkungsmöglichkeit der Aura, da durch sie der Freiraum für das In-die-Ferne-Schweifen der Phantasie eingeengt wird. Die Aura begleitet den Zustand dämmernder Objekte, die sich durch den Versuch scharfer Wahrnehmung eher verlieren und in das Reich des Immateriellen übergleiten.

So erscheint die Erfindung des Halogenlichtes weniger als Zufall, sondern als das Ergebnis kollektiver Phantasien auf der Suche nach einem Licht, das die Illusion des kühlen Lichtfunkens verkörpert. Als der Wunsch nach der Entdeckung eines von aggressiver Energie befreiten, strahlenden und reinen Lichtes. Als Suche nach dem Wetterleuchten des kalten Nordlichtes, nach archetypischen Lichtmythen und uralten Meditationsbildern. Vielleicht sind wir jetzt eher bereit zur Auseinandersetzung mit den manichäistischen Lehren und ihren Erlösungsphantasien.

Die Sufis, um nur eine jener manichäistischen Gruppen zu nennen[8], stellten sich das Nordlicht als einen gigantischen Sprühregen von Lichtfunken vor; sie glaubten, daß die Lichtsäule aus all den Lichtfunken besteht, welche aus dem Inferno hinauf ins Lichtland aufsteigen. Ihre Lichtsymbolik enthält den Glauben an eine ewige Lichtnacht, in der der Tag nicht mehr der Nacht folgt und in der jenes ursprüngliche Licht des Kosmos wieder strahlt, das schon seit Äonen vor der Entstehung unseres Kosmos existierte, zu einer Zeit, als die Glut der Sonnen noch nicht existierte, sondern nur jenes ewig milde, niemals stechende Licht. Andererseits sind sie in der Beschreibung der Lichtphänomene gar nicht so weit entfernt von der Poesie eines Ingo Maurers, des bekannten Lichtdesigners, der ebenfalls die Dematerialisierung sucht: „YaYaHo ist nicht nur Lichtquelle. Das System schwirrt und irrlichtert durch den Raum, schwebt wie ein elektrifiziertes, mit Leuchtinsekten bestücktes Spinnennetz mit fragiler Leichtigkeit an seinen Seilen..., so reduziert, so zeichenhaft, so leichthin wie nur möglich – gerade noch wie das Licht selbst."[9]

In dieser Auffassung des Lichtes klingt eine ähnliche Vorstellung von Transzendenz der Materie an, wie sie etwa bereits vom neozoroastrischen Propheten Suhrawardi beschrieben wurde. Die Wesen und Dinge im Nordlicht zu sehen, das heißt für ihn, sie im himmlischen Licht der Engel zu sehen.[10]

Sind die Lichttechniker etwa die Vorboten der Lehre von der elektrischen Angelologie? Handelt es sich um eine technische Parodie jener Wesen, die einen Grad von Materielosigkeit erreicht haben, der nur noch von ihrem Herrn und Meister, Gott, übertroffen werden kann? Die meisten religiösen Tendenzen, die sich durch besondere Lichtfrömmigkeit auszeichnen, beinhalten ein hohes Maß an Leibfeindlichkeit und eine Geringschätzung der Triebhaftigkeit des Menschen. Immer steht dem Oben des Lichtes das Unten des Körpers entgegen. Aber solche Tendenzen gehören keineswegs der Vergangenheit an. Denn daß der Einzug des Lichtes in die Seele das Abtöten des Körpers durch Askese aller Art voraussetze und daß nur derjenige ins Licht trete, der seinen Körper schon überwunden hat, glaubt der christliche Abendländer schon seit den radikalen protestantischen Konzepten der Askese durch Arbeit.

Dieser Geist des Manichäismus nistete sich auch in die klassische europäische Ästhetik ein, die vom Idealismus geprägt ist. Die Materie ist hier nur noch Zeichenträger des reinen Geistes. Moderne Architektur und Design bilden ein hervorragendes Terrain für solche Anschauungen. Man bedenke nur die führende Rolle der protestantischen Länder wie England, Amerika, Deutschland und Holland, an Bewegungen wie die Gruppe De Stijl oder das Bauhaus. Oft geht es in der Moderne um manichäistische Tendenzen wie Reinheit, Klarheit, Purismus als Konzepte zur Überwindung des Körpers.

Man könnte diese Entwicklung auch schon früher ansetzen: In der Gotik beginnt die Auflösung des Baukörpers der Kathedrale, weil Gott Licht ist, wie Duby sagt. Und es ist gewiß kein Zufall, daß diese Ära in eine Zeit fällt, als die manichäistische Lehre der Katharer, die den Gott des Lichtes gegen den Gott des Schattens setzten, ihre größten Erfolge feierte und als die Waldenser im Schutz der Wälder ihre Reinheitsriten zelebrierten. Auch wenn die Inquisition diese Sekten nachhaltig ausrottete, so floß doch das Gedankengut über die neugegründeten Orden der Franziskaner und Dominikaner in die christliche Lehre und Bauweise ein. Die Konjunktur der Kathedralen ist ein beredtes Zeugnis dafür.[11]

Der Trend zur Auflösung des Baukörpers setzte sich mit dem Aufbrechen der Wände und der Öffnung der Gebäude bis in die Postmoderne fort. Weitere Schritte der materiellen „Lichtung" waren die verstärkte Verwendung von Materialien wie Glas und Metall sowie die Einführung mobiler Strukturen, also schnell veränderbarer, demontierbarer Elemente. Der Trend setzt sich heute in der Idee der flüssigen Architektur fort, die ihren materiellen Anteil auf das Maß der Elektronen beschränkt, die zur Erscheinung am Bildschirm des Architekten notwendig sind.

Begleitet wird dieser Prozeß durch das Verschwinden der Körper. Natürlich wird der implizit religiöse Gehalt nicht mehr aktualisiert, man formuliert Ideen der Reinheit, Poesien der Klarheit und Vernunft. Alle künstlerischen Bemühungen um die Auflösung der Körper, ob sie nun religiös-philosophisch oder poetisch begründet werden, gruppieren sich immer um ähnliche archetypische Leitbilder der Lichtdurchlässigkeit. Doch die großen technischen Möglichkeiten unserer Zeit erlauben ungeahnte Annäherungen an diese Phantasien. Sie knüpfen mit technischen Mitteln an tiefe Wurzeln im Bewußtsein der Menschheit an, um der uralten Idee des kühlen, reinen Lichtes als Ausdruck der Befreiung von der irdischen Schwere des Lebens zu entsprechen.

Mit dem Halogenstrahler wird das Prinzip des kühlen, energieschwachen Lichts realisiert. Es gilt nicht mehr das Prinzip Sonne, sondern das Prinzip Abendhimmel. Der Halogenstrahler zeigt die Welt auf eine veränderte Weise. Die Ablösung der großen Sonne durch kleine, kühlere Lichtfunken ermöglicht eine neue Form der Universalität. Diese strebt nicht mehr ein Gleichmachen aller Gegenstände an, sondern räumt der Aura eines jeden Dings die gleiche Chance ein. Nicht mehr die grelle Sonne, die den Raum zentral bestrahlt, sondern kleine Sterne korrespondieren mit ihren Objekten.

Jeder Gegenstand ist unter dem Halogenstrahler zur gleichen Aura fähig. Und diese neue Aura übertrifft die alte Erscheinungsweise. Denn die Kühle des Lichts vermittelt einen entrückteren und unstofflicheren Ausdruck und eine Ahnung von der Substanz der Dinge. Die Objekte werden neu entworfen und beliebig geformt, sie werden enthüllt und verschwinden. Hier ließe sich wieder an die Träumereien von Bachelard anknüpfen. Nur spielt sich jetzt die Dematerialisierung des Lichts in Echtzeit ab. Es sind nicht mehr die Rhythmen Tausender sanft abbrennender Kerzen, die vom Ende der Materie künden, sondern es ist die simultane Wirkung der Lichtfunken der Halogenstrahler.

Halogenlicht kann auch Illusionen schaffen. Es kann punktförmig gerichtet sein, sich aus Strahlerbatterien über die Wohnung ergießen oder gar aus den Dingen selbst herauskommen. Oder es bringt die Dinge von innen her zum Leuchten. Man denke nur an die leuchtende, metallene Riesenheuschrecke namens Scaragoo, ein Wesen zwischen Horror und Cyberpunk, an die fluoreszierenden Wäscheklammern oder an „Ya Ya Ho", das an Seilen aufgehängte Spielzeug, jenes irrlichternde Gebilde aus Kugeln, Kegeln und Pfeilen. Hier wird man erinnert an den „Glorienlichtkörper" der christlichen Lehre, mit dem der Gläubige seine letzte Reise gen Himmel antreten sollte.[12]

Solche Lichtmythen haben aber auch einen sozial-familiären Aspekt. Die alte Vorstellung des Herdfeuers steckt noch im Licht der Lampe, um das sich die Familie versammelt: „Abends saßen die Eltern und die größeren Kinder um den runden Tisch im Wohnzimmer. In der Mitte brannten zwei helle Lampen. Die Mutter arbeitete wie immer, wir anderen aber lasen."[13]

Die neue Botschaft der Strahler, Spotlights und Halogenleuchten ist hingegen „sozio-dramatisch". Wohnen ist entstrukturiert, die Versammlung um die abendliche Lampe ist ferne Vergangenheit. Familienbindungen lösen sich auf, dafür gewinnen Selbstdarstellung und Sozialprestige an Bedeutung. Das soziale Individuum betritt die Bühne der neobürgerlichen Repräsentation. Entsprechend ändert sich das Licht. Batterien mit Niedervolt-Halogenstrahlern verwandeln die Wohnung in eine Bühne, auf der sich die Akteure bewegen. Tatsächlich sind der Strahler und sein Vorläufer, der Scheinwerfer, Erfindungen, die aus der Bühnentechnik kommen und von der modernen Architektur übernommen wurden. Die Architekten versuchen wie die Bühnentechniker eine dramatische Wirkung zu erzielen.

Die ersten Scheinwerfer arbeiteten mit Gas und bündelten das Licht mittels konkaver Metallspiegel auf die Bühne. Die heutigen Strahler funktionieren nach dem gleichen Prinzip, dezentrieren ebenso den Raum, schaffen Hell-Dunkel-Zonen, lassen gewisse

Gegenstände stärker hervortreten und rücken andere in den Hintergrund.[14] Mit dieser Lichttechnik nach der Methode der Schaufensterbeleuchtung kann man einzelne Objekte hervorheben oder ganze Raumbereiche wie von einem Herdfeuer erleuchtet erscheinen lassen.

Die technische Reproduktion der Aura entspricht einem neuen bürgerlichen Lebensgefühl, das sich nicht mehr durch eine zur Schau getragene Ethik, sondern durch einen entsprechenden Lebensstil ausdrückt. Statt der Demonstration von Sitte, Tugend und Prinzipientreue gilt es heute, die richtigen ästhetischen Symbole ins rechte Licht zu rücken.

Der Hamburger –
Belly Bomber im
Schlaraffenland

1984 startete Wendy, das Mädchen mit den Zöpfen, Symbol und Logo einer kleinen Fast-food-Kette in den USA, eine Werbekampagne. Die Botschaft war simpel, sie bestand nur aus einer Frage: „Where is the beef?"[1]. Und diese einfache Frage brachte die Nation um ihr inneres Gleichgewicht. Ein tiefer Zweifel an der Wahrheit des Burgers kam auf. Die Frage betraf seine Substanz, das Beef. Der bloße Verdacht, jahrzehntelang zuwenig Beef im Burger gehabt zu haben, stürzte die Amerikaner in eine Existenzkrise. Die Kampagne erreichte die höchst Recall-Rate, die je gemessen wurde, und ging in die Werbegeschichte ein. Der Spot gewann alle Preise, die in den USA zu vergeben sind. Wendy erhöhte in kurzer Zeit den Umsatz um dreißig Prozent. Nur wer weiß, daß normalerweise schon Marktanteilsverschiebungen von ein bis zwei Prozent nur durch größte Anstrengungen erreicht werden, kann diesen Erdrutsch erst richtig würdigen.

Es schien, als wäre ein heiliges Symbol in Gefahr. Man fürchtete, daß Fast food „Less food" bedeuten könnte. Es war vielleicht das erste Mal überhaupt, daß die Amerikaner dem Prinzip des rasanten Fortschritts mißtrauten; man argwöhnte, daß zwischen der Beschleunigung des Essens und der Abnahme der Substanz ein Zusammenhang bestehen könnte. Der „American Way of Life" war in Frage gestellt. Denn mit dem Hamburger, der in Amerika auch unter anderen Namen wie „Belly Bomber" oder „Gut Buster" bekannt ist, schien die planetarische Lösung des Ernährungsproblems gelungen zu sein: komprimierte Verpflegung bei einem Minimum an Zeitaufwand, die denkbar größte Minimierung abendländischer Eßkultur, Amerikas Antwort auf das platonische Gastmahl: der Belly Bomber.

In Charlie Chaplins 1936 gedrehtem Film „Modern Times" gibt es eine Szene, in der Fließbandarbeiter von einer Maschine gefüttert wurden, damit sie keine Arbeitszeit verlieren. Zwanzig Jahre später machte Ray Croc diese Idee wahr.[2] Er verlagerte einen Teil der Produktion in die Industrie, um die Arbeit im Restaurant mit wenigen Handgriffen erledigen zu können. Das Restaurant selbst gestaltete er nach dem Leitbild des Fließbands. In Amerika sind die Sessel vieler Fast-food-Restaurants auf eine Weise konstruiert, daß man sie nach wenigen Minuten aufgrund akuter Rückenschmerzen wieder verlassen muß. Sie haben deshalb auch einen besonderen Namen erhalten: „Anti-lounging seats". Wer den Hamburger schon vor der Verrenkung der Wirbelsäule verdrückt hat, kann sich glücklich schätzen[3]. Diese Sessel sind keine Schikane, sondern zählen zum Standardrepertoire der Einrichtung, die im Sinne der Geschäftspolitik keine Gemütlichkeit aufkommen lassen soll, was noch durch die grellen Farben und das lästige Reinigungspersonal, das ständig observieren will, verstärkt wird. Ganz nach der offiziellen Fast-Food-Philosophie von Philip Langdon, dem „Professor der Hamburger University": Get'em in, feed'em fast, and get'em out.[4]

Dennoch ist der Erfolg derart überwältigend, daß sich heute der Reisende bei seinem Weg durch die USA leichter an den „Burger Joints" als an den Sternen orientieren kann. Die planetarische Dimension läßt sich nicht nur an den Verkaufsziffern messen, die ohnehin in astronomischen Größenordnungen liegen. McDonald's ist auch als nationaler Wirtschaftsfaktor enorm groß. Das Unternehmen ist mit acht Millionen Angestellten Arbeitgeber Nummer eins in den USA und liegt damit noch vor der Armee, die jahrzehntelang der größte Arbeitgeber war.[5] Freilich besteht das Gros der Angestellten aus ungelernten Arbeitern, die die computergesteuerten Anlagen bedienen.

Es gibt eine ganze Reihe von Gründen für die Beliebtheit von McDonald's. Da ist zunächst einmal die Konstanz von Form und Geschmack der Produkte, die Gewißheit also, daß der Hamburger immer und überall gleich schmeckt. Eltern und Erzieher wissen, wie wichtig konstante Lebenssituationen für die Sprößlinge in gewissen Altersstufen sind. Weil feste Elternbeziehungen häufig fehlen, ist es für die Kinder erfreulich, sich zumindest auf den Big Mac verlassen zu können. Er übernimmt – auch bei Erwachsenen – die Aufgaben der Mutter. Der weißlich-flaumige Teig des Brotes ergibt eine süßlich-pappige Masse, die das Beißen kaum mehr erforderlich macht. Man wird entführt in die frühkindliche Welt, in das Reich der Infantilität. Das lustvolle Saugen und Schmatzen, das unschuldige Spiel von Lippen und Zunge erinnert an eine Zeit, in der man noch nicht wußte, was Beißen bedeutet.

Die heutige Hamburgerkultur macht es schwer vorstellbar, daß der Ursprung des Fleischessens im Opfermahl liegt und daß Fleischgenuß einst eine sakrale Handlung war, die die Einheit mit den Göttern herstellen sollte. Daß dieser Wunsch nach Einheit noch heute beim gemeinsamen Familienmahl zum Ausdruck kommt, ist allenfalls Kulturhistorikern bewußt. Der Familienvater wird beim sonntäglichen Tranchieren des glücklichen Huhns wohl kaum bedenken, daß er nur das Opferwerk seiner Vorgänger in etwas zivilisierterer Weise fortsetzt.

Für die Herstellung des Fast food wird auch die Zerlegung des Tieres von der Industrie übernommen. Nicht das Familienoberhaupt tranchiert den Braten, sondern riesige Fleischwölfe. Damit erledigt sich die Frage nach Art und Qualität des Fleisches. Schließlich gibt es allein beim Rind neben den Innereien an die dreißig verschiedene Teile mit höchst unterschiedlicher Qualität: Das Rindsrippenstück oder Filet rangiert ganz oben, andere Teile, vor allem die Innereien, ganz unten. Der Fleischwolf „demokratisiert" das Rindfleisch, indem er die Hierarchie der Teile aufhebt und in Gehacktes verwandelt.

Das Tempo des Fast food reinigt das Essen von den letzten sozialen und religiösen Elementen. Es erspart dem Gewissen die peinliche Zerstückelung des Fleisches. Der Hamburger vereinigt die Idee des rationalisierten und demokratisierten Fleisches mit der süßen Mütterlichkeit des Laibchens. Beim Fleisch sind die letzten Spuren seiner Herkunft von Opfer und Tod getilgt.

Diese Reinigung der Nahrung von Gefühlen sozialer Verpflichtung und Schuld geht einher mit einer fröhlichen Infantilität. Schnelles Essen ist ein einsames, aber infantil-frohes Essen. Nur die Mutter ist imaginär anwesend. Diese Befreiung des Essens von allen sozialen und traditionellen Elementen, die die Rationalisierung mit sich bringt, setzt sich bei McDonald's im Restaurant fort. Ständig sucht ein Angestellter nach Bechern, Schachteln und Verpackungsresten. Die aufwendige Verpackung des Hamburgers ist ein weiteres Zeichen der Sauberkeit. Die Bedeutung des Mahls wird aber nach dem Auspacken selbst sofort zu Abfall, der zu beseitigen ist. Das Essen hat seine symbolische Kraft eingebüßt; das Speisen als sozialer Akt ist out, Tischgenossenschaft, Tafelordnung ebenso. Was zählt, ist die schnelle, unbeschwerte Sättigung.

Eine kleine, nebensächlich scheinende Beobachtung gehört hier her. Der Big Mac ist aufgrund eines kleinen Tricks der Hamburger-Architekten so hoch, daß man nicht richtig abbeißen kann. Das verschafft ein Gefühl der Überwältigung: Ein Ding, so groß, daß man es kaum verzehren kann, erinnert an die Reismauer, die ins Schlaraffenland führt und durch die man sich fressen muß. Das ist der amerikanische Traum vom grenzenlosen Überfluß.

Das Handy –
Kafkas leerer Engel

Der Mann oder die Frau mit dem Handy, im Zug, im Auto, auf der Straße, im Café, am Flughafen oder an anderen öffentlichen Orten, stets irritiert uns die Pose einer – wie wir sogleich ein wenig spöttisch oder neidisch vermuten – angemaßten Wichtigkeit. Warum halten wir immer noch einen Augenblick lang inne, wenn es im Kaffeehaus am Nachbartisch piepst und das Handy aus der Tasche gezogen wird, um ein Gespräch entgegenzunehmen? Was stört uns eigentlich daran? Ist es wirklich die zur Schau gestellte Wichtigkeit? Um welche Art von Wichtigkeit handelt es sich hier denn überhaupt? Schließlich sind die Zeiten, als man sich durch ein Handy noch vom Rest der Welt abhob, längst vorbei. Die Exklusivität des Geräts ist durch das rasante Wachstum der Mobiltelefonnetze längst dahin. Und doch – jedesmal keimt ein winziges Körnchen Neid auf, das wir uns im nachhinein stets als Ärger aufgrund der Gesprächsbelästigung zurechtlegen, weil wir uns das wahre Motiv nicht eingestehen können oder wollen. Das Gefühl nämlich: Hier ist offenbar jemand wichtiger als ich.

Über dieses Phänomen hat sich unlängst Baudrillard ausgelassen: „Es gibt den Leuten ein karikaturhaftes, ein geradezu obszönes Aussehen. (...) Aber ich sehe, wie die Leute mit dem Handy auf der Straße stehenbleiben. Sie schaffen eine Art isoliertes Territorium. Sie zerbrechen das, was vom öffentlichen Raum noch übrig ist, um ihr privates Ding herzustellen, das aber gleich mit dem Kosmopolitismus spielt, das mit der ganzen Welt vernetzt sein will. Das ist eine Art der Ausschließung, der Diskriminierung. Ich bin ein schlechter Richter in diesen Sachen, weil ich lediglich ein Fax habe und weder Computer verwende noch Handy. Der Anblick dieser Individuen mit einem Handy ist schändlich und unverträglich. Es ist ein Bruch des Sozialvertrages, wenn die Leute auf der Straße signalisieren: Ihr interessiert mich alle nicht, aber dafür bin ich im Netz eingeklinkt. Ich bin in der Welt zu Hause, und ihr seid auf der Straße. Das mag ich nicht. Der Computer, das Mobiltelephon – das sind alles Geräte, die dazu tendieren, das Individuum in ein absolut geschlossenes Universum einzugliedern, wie eine operationelle Monade."[1]

Baudrillard hat wohl recht, aber in anderer Weise, als er meint. Denn wenn er sich auf die zu wahrende Integrität des öffentlichen Raums beruft, so appelliert er an eine soziale Institution der Vergangenheit, die heute nicht mehr funktioniert. Zur Zeit übernehmen die Netze die Agenden des öffentlichen Raums; sie sind die letzte Simulation des Sozialen, auf die sich unsere Hoffnungen richten. Denn gerade weil wir in unserer Individualität so weit fortgeschritten sind, können wir mit der guten, alten Öffentlichkeit nichts mehr anfangen – ebensowenig wie mit dem „einfachen Mann von der Straße". Wir brauchen ein Angebot, das individuell und auf uns zugeschnitten ist – und das hoffen wir noch am ehesten im Netz zu finden. Jedermann feilt an seinem persönlichen Stil, betont seine Unverwechselbarkeit und entwickelt seine ganz private Mythologie. Das läßt sich in herkömmlichen sozialen Gebilden nicht mehr bewerkstelligen, sondern bedarf eines neuen technischen Universums. Eben weil die alten Öffentlichkeiten nicht mehr funktionieren, wünschen wir uns nichts sehnlicher, als uns in einen neuen sozialen Kosmos einzugliedern, eben weil wir im Nebel tappen, suchen wir krampfhaft nach technischen und künstlichen Realitäten.

Wenn wir das Handy-Netz als Universum sehen, erleben wir es nicht als Netz, sondern als Kugel. Denn wir erwarten uns von ihm den Zugang zu einem imaginären Zentrum, zu gänzlich neuen Möglichkeiten der Orientierung und des Anschlusses. Obwohl wir nicht mehr an Gott glauben, verharren wir in der Denk- und

Wunschstruktur einer monotheistischen Gesellschaft, die von einer zentralen Macht aus bestimmt wird, nach deren Heiligkeit und Macht wir uns sehnen. Es ist der alte und zutiefst verwurzelte Wunsch nach einer höheren Instanz und einer verbindlichen Ordnung.

Erst vor diesem Hintergrund können wir verstehen, was in unserem Unterbewußtsein vorgeht, wenn am Nachbartisch das Handy läutet. Hier wird jemand gerufen, hier werden Botschaften übermittelt, deren Wichtigkeit sich nicht aus der Sache oder aus den übermittelten Inhalten ergibt, sondern aus der Tatsache ihrer Vermittlung. Auch wenn wir den Handy-Benutzer mit einem verächtlichen Blick versehen oder ihn einfach ignorieren, können wir uns nicht des Gefühls erwehren, daß hier jemand eine wichtige Botschaft erhält. Vielleicht handelt es sich gar um einen Herold oder einen Boten, der gerade den Auftrag einer höheren Instanz empfängt. Denn obwohl wir vermuten, daß hier sinn- und belanglose Botschaften überbracht werden, so sehnen wir uns doch auf der anderen Seite insgeheim danach, daß auch wir Götterwinke oder Königsbefehle empfangen dürfen. Und jedesmal, wenn dieses verdammte Ding irgendwo in der Nähe zu läuten beginnt, hegen wir den Verdacht, daß hier der Meister ein Machtwort spricht.

Gerade das Medium des Telephons verdeckt die ursprüngliche Eigenschaft des Menschen, selbst ein Medium zu sein, als Mensch zwischen Menschen, als Mittler zwischen Menschen. Diese Mittler informieren andere Menschen über etwas, worüber sie bereits informiert wurden. Die gesamte Geschichte der Menschheit beruht auf dieser Form der Vermittlung. Menschen sind ihrem ursprünglichen Wesen nach potentielle Boten, Informanten über das Geschehen der Zeit[2].

Franz Kafka schreibt in seinem Tagebuch, in den „Betrachtungen über Sünde, Leid, Hoffnung und den wahren Weg" folgende Zeilen: „Sie wurden vor die Wahl gestellt, Könige oder Kuriere zu sein. Nach der Art der Kinder wollten sie alle Kuriere sein, deshalb gibt es lauter Kuriere. Und so jagen sie, weil es keine Könige gibt, durcheinander und rufen einander selbst ihre sinnlos gewordenen Meldungen zu. Gerne würden sie ihrem elenden Leben ein Ende machen, aber sie wagen es nicht wegen des Diensteides."³ Das individualistische Individuum ist einfach der Mensch ohne Auftrag, der Nicht-Bote. In diesem Sinne sausen die Überbringer der Botschaften mit dem Handy im Leeren herum.

In der Tat gibt es kein anderes Medium, das den Appellcharakter, jene Situation eines Anrufes von oben, stärker simuliert als das Telephon. Schon McLuhan betont diesen Aspekt des Telephons, ohne allerdings explizit auf die theologische Dimension des Geräts einzugehen: „Warum glauben wir denn, den Hörer in einer öffentlichen Telephonzelle unbedingt abnehmen zu müssen, wenn das Telephon läutet?"⁴. Und auch wenn die meisten von uns die amerikanische Einrichtung der läutenden Telephonzelle nicht kennen, haben wir doch sicherlich schon oft den merkwürdigen Druck verspürt, wenn ein Telephon in einer fremden Wohnung läutet, in der wir kurz alleingelassen wurden. Aber es ist nicht nur das Gewicht aller potentiellen Teilnehmer und Anrufer, das wir aus diesem Läuten heraushören. Es ist der Sog einer geradezu mythische Dimension des Appells, durch die wir bei jedem Anruf noch etwas von jenem uralten Phantasma erleben, das der Geräuschwelt der Kleingruppe entstammt und das uns in unvergleichlicher Weise für Appelle und Alarme sensibilisiert hat. Nur weil in unserem Innersten noch die Geräusche der Urhorde gespeichert sind, sind wir so empfänglich für jegliche Form des telephonischen Appells. Aus diesem Urempfinden heraus verspüren wir den Appellcharakter auch dort, wo uns der Verstand in klarer Weise sagt, daß diese Botschaft nicht für uns bestimmt ist. Nur deshalb verspüren wir an läutenden Telephonzellen den Zwang, abheben zu müssen. Wir reagieren auf ein solches Signal, als spielte sich alles in einer uns betreffenden Sphäre ab, die der unserer Urhorde entspricht. Diese Urhorde wurde nämlich in erster Linie durch Geräusche zusammengehalten; sie bildet eine Art „sozialen Uterus" – schließlich reagiert der Fötus im Mutterleib ebenfalls äußerst sensibel auf Klänge.

Die ursprüngliche Vorrangigkeit des Hörens gegenüber dem Sehen bestätigt McLuhan auch durch die Beobachtung, daß das Telephonieren von keinen bildlichen Vorstellungen begleitet wird, was dazu führt, daß viele visuell geprägte Menschen kaum telephonieren können, ohne böse zu werden.[5] Das Telephon verlangt nämlich volle Aufmerksamkeit, die den an permanenter Zerstreuung gewöhnten Menschen aus der Ruhe bringt. Das ist übrigens auch der Grund dafür, warum manche Menschen beim Telephonieren zu kritzeln beginnen. Sie wollen dadurch ihre sinnliche Wahrnehmung vervollständigen, um sich vom Druck des reinen Hörens zu entlasten.

Wir verstehen jetzt besser, warum etwa Naomi Campbell, das bekannte Model, gleich vier Handys mit sich trägt, eines vom Exfreund Robert de Niro, eines für den aktuellen Verlobten, eines für den Agenten und eines für die Mutter. Als Model verkörpert sie nicht nur Mode, sondern einen Lebensstil. Und wenn sie als Covergirl die Kurierdienste der völlig außer Rand und Band geratenen Modeindustrie übernimmt, so demonstriert sie, daß sie sehnsüchtig auf eine „Botschaft" ihrer Urhorde wartet, die sie um keinen Preis versäumen möchte. Damit realisiert sie die Union von Netz und Urhorde.

Die Jeans –
Die zweite Haut
des Opfers

Jeans sind ein Erzeugnis des Goldrausches in Kalifornien. Der bayrische Jude Levi Strauss kommt 1850 in San Francisco an und hat dort den genialen Einfall, die Minenarbeiter und Schürfer mit einer haltbaren Arbeitsbekleidung zu versorgen.[1] Mit der unüberbietbaren Leistung seines Designs hat er zugleich ein Moment der Weltgeschichte vollkommen begriffen und materiell auf den Punkt gebracht. Er hat gewissermaßen den Goldrausch als „Fluxus", als Bewegung, verstanden und in Jeansform dokumentiert.

Als im Jahr 1848 der Zimmermann James Marshall im American River nahe der Sägemühle seines Chefs, dem Schweizer Johannes Sutter, einige Klümpchen Gold fand, verbreitete sich die Nachricht vom El Dorado wie ein Lauffeuer. Sie löste eine moderne Völkerwanderung nach Kalifornien aus. Hunderttausende von Menschen glaubten hier endlich das Glück und den Reichtum zu finden, den ihnen Amerika versprochen hatte. Und dieses Glück schien nicht den bekannten strengen puritanischen Regeln zu folgen, die Heilsgewißheit nur über den dornigen Weg der rastlosen Arbeit versprachen.

Es schien, als könne die Erde, die Mutter des Lebens, den Menschen plötzlich das geben, was ihnen bisher vorenthalten wurde. Man mußte nur ein bißchen graben, und schon stieß man auf Gold. Man mußte – und das war die Zauberformel – in die Erde eindringen, das Verlassen des Uterus, der Urhöhle, wieder rückgängig machen, um die Katastrophe des Lebens nach der Geburt aufzuheben. Durch das gierige und verzweifelte Ritual des Goldschürfens entriß man der Mutter das, was durch die Geburt verlorengegangen war. Gold wurde zum Ersatz für das entgangene Glück. Betrachten wir das Bild eines Schürfers: Mit angewinkelten Knien, kauernd und hockend, versucht er zentimeterweise Gestein abzuschlagen und zu entfernen. Die Ähnlichkeit mit der Haltung des Embryos ist frappant. Nur handelt es sich hier um das Drama der Rückgeburt, die sich nicht gleitend auf den Schleimhäuten des Gebärmutterkanals vollziehen kann.

Jedenfalls wußte Levi Strauss aus der alten jüdischen Lehre, daß dieses Eindringen in die Erde mit Schmerzen verbunden ist. Es gibt kein sanftes Zurückgleiten in die Erde, die zerfetzten Knie zeigen es deutlich genug. Seine Lösung war ebenso pragmatisch wie weise. Er begriff, daß er der mangelhaften körperlichen Eignung für die Rückgeburt und das Eindringen in die Erde – die Evolution hatte die Knie schon aller Hornhaut beraubt – mit schwerer Leinwand nachhelfen mußte. Was man in der üblichen funktionalistischen Kurzsichtigkeit als verbesserte Arbeitskleidung betrachtete, hatte in Wahrheit von Anfang an eine kultische Bedeutung. Die Hose aus schwerer Leinwand entsprach der Tat des Eindringens in die Erde, dem sich in die Erde grabenden Körpers, der Umkehr der Geburt und der Erfüllung des seit der Geburt nie eingelösten Glücksversprechens.

Das Eindringen des Bergmanns in die Erde war seit jeher von Geburtsphantasien und matriarchalischen Mythen begleitet. Da man sich die Erde in den alten Mythen als die Hervorbringerin aller Dinge dachte, selbst die Steine als Geschöpfe der „Großen Mutter" betrachtete, stellte man sich das Erdinnere als einen Uterus vor, in dem die Metalle heranreiften, bis sie zu Gold wurden. Gold galt nicht als irgendeine Art von Gestein, sondern als dessen höchste Entwicklungsstufe. Die unterirdische Welt war das Mysterium einer mineralogischen Schwangerschaft im Bauch der Erde. Daher verstanden sich die Bergleute als Geburtshelfer, die unreifes Metall, eigentlich Frühgeburten, zu bergen hatten. Die Alchimisten glaubten, wenn ihnen eine Beschleunigung des Reifeprozesses der Metalle gelänge, müßte Gold entstehen. Dazu mußte man allerdings zuvor das vorgeburtliche, embryonale Stadium in seinem eigenen Inneren erlebt haben. Die Wiedergeburtsrituale vieler Schamanen, der Vorläufer der Schmiede und Bergleute, zielen auf dieselbe Vorstellung ab, daß nämlich eine Reifung der Metalle nur gelingt, wenn auch der Geburtshelfer selbst neu geboren wird.[2]

Wer auf der Suche nach Gold ist, begibt sich auf eine wilde Reise, an deren Ziel ihn die Wiedergeburt erwartet. Gold ist für den Alchimisten die letzte und höchste Stufe der Existenz, die Erfüllung und Vervollkommnung des Seins, das Ende der Wünsche. Mit dem Finden des Goldes geschieht die zweite Geburt, danach beginnt das ganz andere, das neue Leben. Doch an diese Spitze der Entwicklung gelangt nur derjenige, der bereit ist, das große Opfer zu bringen, sein Leben hinzugeben und alles dem letzten Ziel unterzuordnen. Das Gold ist bei dieser Suche nach der höheren Existenz letztlich nur ein Symbol für ein Mehr an Leben, ein Mehr an Glück.

Die Jeans waren von Beginn an die Kleidung der Desperados und Glücksritter, der Verzweifelten und Zu-kurz-Gekommenen. Diese Menschen forderten nicht nur der Erde, sondern auch ihrem Körper brutal einen Tribut ab. Aus pragmatischer Sicht war die Jeans eine simple Arbeitshose. In Wirklichkeit aber war sie ein Kultgewand des Goldrausches, eine Schutzhülle des sich in die Erde bohrenden und hackenden Körpers, der die Erde besiegen und die Geburt überwinden wollte und der alle damit verbundenen Schmerzen zu ertragen hatte.

Es war eine Epoche des wilden Aufbegehrens gegen die ungleiche Verteilung der Güter auf der Erde – und wohl auch eine Zeit des naiven Glaubens an eine Kompensation durch das schnelle Geld. Manche Goldgräber hatten Glück und verdienten mit einem Riesennugget mehr Geld als andere nach zwanzig Jahren harter Arbeit. Die meisten kehrten so arm nach Hause zurück, wie sie gekommen waren. Krankheit, Erschöpfung und Tod waren an der Tagesordnung. Aber muß nicht, wer wiedergeboren werden will, das eigene Leben aufgeben? Ist das nicht die Botschaft der Leidensgeschichte Christi? Setzt nicht der Abstieg in die Unterwelt die Hingabe des eigenen Lebens voraus, um am Ende um so großartiger wieder aufzuerstehen? Wiedergeburten sind stets mit Opfern verbunden, im Falle des Goldrausches mit dem Opfer der Gesundheit, der Arbeitskraft, manchmal auch des Lebens. In Jeans kleideten sich also Menschen, die bereit waren, ihren Körper zu opfern.

In diesem Jahrhundert verschieben sich die Akzente. Die Geste des Opfers wird zur Geste des Aufbegehrens. Der Protest, der Widerstand wird jetzt dort manifest, wo früher die Haltung der Hingabe und des Opfers eingenommen wurde. Merkwürdigerweise hat die Jeans in diesem Wandel der körperlich-seelischen Befindlichkeiten wiederum eine Symbolfunktion. Denn in beiden Fällen geht es um ein extreme Pose des Körpers, in der sich die äußeren Zeichen von Opferhaftigkeit und Aufbegehren angleichen und zu einem nach innen gerichteten Phänomen der Schutzbedürftigkeit verschmelzen.

Tatsächlich erlebten die Jeans ihr Comeback im Amerika der fünfziger Jahre, der Epoche des Protests und des Aufbegehrens. James Dean und Marlon Brando waren die Idole der Zeit, und sie trugen Jeans.[3] Es war eine Provokation, daß Jugendliche plötzlich die Kleidung der unteren Schichten, der Arbeiter, für sich entdeckten – ausgerechnet die Jeans, jenes schmutzige, abgeschundene Stück Hose aus blauem Leinen. Vordergründig wollte man den Bürger schockieren, seine Kleiderordnung durchbrechen, die eine grundsätzliche Trennung von Arbeitskluft und Alltagskleidung vorsah. Die Jeans signalisierten Nonkonformismus und Antibürgerlichkeit. Nur verkörperten sie jetzt nicht mehr eine Lebensform, bei der man auf den Knien rutschte, sondern dienten als Ausdruck eines neuen Körpergefühls. Das läßt sich gut an der verhalten lässigen Körpersprache von James Dean und Marlon Brando studieren. Eine neue Art des ungezwungenen Stehens bürgert sich ein, eine besondere Art des Herumlungerns mit einem gespannten, leicht gequälten Ausdruck. (Dean verriet später, daß er diesen Ausdruck gewann, indem er sich stundenlang den Gang auf die Toilette versagte.) Die neue Botschaft der Jeans, die durch den knappen Sitz auf erotische Weise den Körper betonte, stand im krassen Widerspruch zur bürgerlichen Vorstellung von korrekter, würdiger Positur. Und mehr noch, sie demonstrierte das geradezu körperliche Leiden junger Menschen an den gesellschaftlichen Konventionen.

Die Jeans betonte eine weitere typische Pose der Zeit: Das Sich-an-die-Wand-Lehnen von James Dean stellt eigentlich eine unbewußte Schutzhandlung dar. Vielleicht gründet darin das Geheimnis des Habitus der frühen Pop-Ikonen wie James Dean und Marlon Brando. Hinter der inszenierten nonkonformistischen Gestik verbirgt sich nicht nur eine archaische Schutzhaltung, die den Rücken gegen überraschende Angriffe freihalten soll, sondern auch die Haltung eines Menschen, der damit rechnet, an die Wand gedrückt zu werden, der sich für ein potentielles Opfer hält.

Zugleich evoziert diese merkwürdige Geste des Sich-an-der-Wand-Reibens sexuelle Phantasien. Sie kann vom Ausdruck des Selbstschutzes in den Ausdruck des Anlockens umschlagen. Daher löste dieses subtile Signal der expressiven Unsicherheit bei den weiblichen Fans eine Mischung aus mütterlichen und erotischen Empfindungen aus.

Noch aufschlußreicher war der Stellenwert der Jeans bei den amerikanischen Homosexuellen.[4] Ende der siebziger Jahre kreierte die amerikanische Schwulenszene ein besonderes Macho-Image: den Holzfäller-Look mit Jeans, kariertem Hemd und Bauarbeiterstiefeln, den man als „Basic Street Gay" bezeichnete. Die Jeans wurden zu einem neuen Fetisch, da sie den verletzbaren männlichen Körper behüteten. Sie ergänzten das Spektrum der klassischen homoerotischen Fetische der „Jockstraps", der Unterhosen, Handschuhe oder Gummistiefel. „Es ist eine Verlagerung der Leidenschaft für den verwundbaren menschlichen Körper und die Haut auf das Equipment, das vor dieser Verwundbarkeit schützt. Es ist, wie wenn man eine Rüstung küßt".[5] Die Jeans demonstrieren hier wiederum ihre Ambivalenz. Nach außen Macho, nach innen verletzbares Wesen, schutzbedürftiger Mann, potentielles Opfer. Und all dies nur als Signal und Vorbereitung für heißen, schnellen und schrankenlosen Sex, der als Ritual der Wiedergeburt verstanden wird.

Die eigentliche Provokation für den bürgerlichen Kodex der fünfziger Jahre bestand nicht in der Anleihe bei der Arbeiterkleidung, sondern in der dadurch bewirkten Infragestellung oder Verhöhnung des „aufrechten Bürgers" durch einen von den Jeans besonders deutlich zum Ausdruck gebrachten Jugendkult, der zwischen Provokation, Opferpose, Schutzhaltung und forcierter Sexualität schwankte.

Die Amerikaner mußten letztlich einsehen, daß diese Provokationen auch eine spezifisch neue, wenn auch nicht ungefährliche Form des Heroischen zu schaffen in der Lage waren. Auch wenn die durch die christlich-puritanische Tradition geprägte amerikanische Gesellschaft wesentlich größeren Widerstand gegen alle überkommenen altchristlichen Formen des Opfers an den Tag legte, mußte sie zur Kenntnis nehmen, daß ihre Jugend auf der Suche nach neuen Wegen des Hedonismus und der Authentizität zu längst verschüttet geglaubten existenziellen Befindlichkeiten vorgedrungen war. Ein neuer Hang zum Leiden an der Welt, zur Selbstdarstellung als Opfer, zur heroischen Selbstverklärung bemächtigte sich der jungen Menschen. Man bewunderte sich für die Fähigkeit, sich in die wüstesten Gefilde des Bewußtseins zu begeben, gleichzeitig das Elend der verlassenen Welt zu ertragen und dabei die Herrschaft über sich zu bewahren. Die Inszenierung des provokanten Hinabschauens in die Abgründe und die damit verbundenen Drogenräusche konnten bis zum Äußersten getrieben werden. In mancher Hinsicht gerät diese Pose in die Nähe des christlichen Selbstopfers. Zahlreiche Jugendliche riskierten bei ihrer Suche nach dem Grund, tatsächlich durch Drogen- und Alkoholeinfluß zugrunde zu gehen. Die Suche nach der Wahrheit konnte das äußerste Opfer, den Tod, abverlangen. Wer auf diese Weise bei der Ergründung der letzten Fragen einer sinnlos scheinenden Existenz sein Leben läßt, wird ebenso zum Helden wie Christus, der für sein Beharren auf der Wahrheit gekreuzigt wurde. Die Mystifizierung der früh verstorbenen Pop-Größen wie James Dean, Elvis Presley, Jimmy Hendrix, Janis Joplin, Jim Morrison beweist dies nachdrücklich.

Der Durchbruch der Jeans als Massenkleidungsstück ereignete

sich in den sechziger Jahren, als die junge weiße Mittelschicht die Kleidung des Arbeiters für sich entdeckte. Den Hippies diente sie als ein einfaches Zeichen der Gemeinschaft von Gleichgesinnten, die damit ihre Solidarität mit der Arbeiterklasse auszudrücken glaubten.[6] Noch einmal wurden die Jeans zum Mittel einer zwischen Opferhaftigkeit und Aufbegehren angesiedelten Inszenierung. Waren denn nicht die Arbeiter Opfer des Kapitalismus, die nun durch die Solidarität der Studenten endgültig vom Joch befreit wurden? Mit den Jeans gelang die Simulation des proletarischen Körperbilds, das eine unverwechselbare Mischung aus ungestümer Kraft und Opferpose darstellt. Die gesamte sozialistische politische Strategie, die immer zwischen der Stilisierung der gesellschaftlichen Opferrolle des Arbeiters und der Betonung der großen, revolutionären Kraft der Arbeiterklasse schwankte, spiegelte sich in den Jeans.

Wenn mit diesem Einbruch in die Mittelschichten der wesentliche kommerzielle Schritt gelungen war und sich die soziale Akzeptanz in enormen Verkaufsziffern ausdrückte, so begann in den siebziger Jahren in den USA mit den Designerjeans von Calvin Klein und Gloria Vanderbilt eine Metamorphose der Jeans zum Statussymbol und Zeichen der Abgrenzung. Den symbolischen Feinschliff und die höhere soziale Weihe erhielten sie allerdings erst durch den Jet-set der Kunstszene. Frühe Anzeichen der antibürgerlichen Pose der künstlerischen Avantgarde konnten schon in den fünfziger Jahren beobachtet werden, als mancher Künstler zu den formellen Ausstellungseröffnungen im Museum of Modern Art mit Smokingjacke und farbverschmierter Levi's erschien. Die endgültige Adoption erfolgte aber erst später. „Ich war zu einer Party des Marquess of Dufferin und Ava eingeladen, und alle waren da: die Jaggers, David Hockney, Leonard (ein Stylist aus London), Peter Sellers, Liberace (die Party wurde ihm zu Ehren gegeben), J. Paul Getty, und eine Reihe honoriger Leute. Dann erschien, von Kopf bis Fuß in zerschlissenem Denim gehüllt, der Gastgeber, und auf den Rücken seiner Jacke, die jeden Moment zu zerfallen drohte, war der Schriftzug ‚Kansas City' aufgenietet ..."[7] Die Allianz von Jet-set, Snob-appeal und Design verhalfen der

Jeans zum Aufstieg in die höchsten sozialen Gefilde. Damit hatte auch der Marquess seinen Protestauftritt gegen die traditionelle Kleidung des Bürgertums, den Dresscode der Mittelmäßigen.

Damit war der symbolische End- und Höhepunkt des Protestpotentials der Jeans erreicht und überschritten. Die Akzeptanz der Jeans durch die gottgewollten Juroren des guten Geschmacks verlieh dem Massengebrauch erst die ästhetische Legitimation. Die Zuwächse in den Verkaufszahlen für Designerjeans in den USA beweisen es.

Wenn sich schon Umberto Eco wunderte, daß es ausgerechnet die Jeans waren, das traditionell zwangloseste und antikonformistische Kleidungsstück, die ihm Förmlichkeit aufzwangen und zu Benehmen und Haltung brachten[8], so beweist das nur, daß Antikonformismus zumindest den gleichen Aufwand an Energie erfordert wie Konformismus: Die Jeans sind – wie eingangs schon erwähnt – die schützende Haut für all jene, denen die Welt übel mitgespielt hat und die dagegen aufbegehren wollen. Und wer könnte das nicht von sich behaupten?

Der Jeep –
Wilhelm Reichs Körperpanzer
mit Allradantrieb

Was ist der Jeep heute? Wie ist es zu erklären, daß ein LKW plötzlich zum Lieblingsobjekt des Personentransports wird? Daß in Zeiten der permanenten ökologischen Diskussion zur Fortbewegung einer Person statt der üblichen Tonne Metall nunmehr sogar deren zwei bewegt werden müssen? Wie kommt es, daß man sich im Großstadtdschungel, in den Betonwüsten der Metropolis und den gepflegten Vorstädten nur mehr mit Allradantrieb zurechtfinden kann? Warum wächst die Lust auf Safari, Schlamm und Dreck angesichts einer alltäglichen Realität auf der Straße, in der die wirklichen Hindernisse ohnehin nur die Autos der anderen sind? Was hat es auf sich mit dem Gefährt, das die alten Qualitäten des Autos, wie Schnelligkeit, Rasanz, Eleganz und Luxus, um eine weitere Facette bereichert und die Traumflotte der Sportwagen und Luxuslimousinen um den Luxus-LKW, den Jeep, erweitert?

Soviel steht fest: Geschwindigkeit und Komfort allein scheinen keinen ausreichenden Wert mehr darzustellen, der Autokörper hat neben Rasanz und Geschmeidigkeit auch Wucht und Volumen zu zeigen. Wenn die berühmte Analyse von Roland Barthes zutrifft, daß in der Konstruktion des Autos durch die Betonung der Aerodynamik weniger auf Aggressivität und dafür mehr auf Gelassenheit und auf einen Sinn für das Leichte Wert gelegt wird, dann handelt es sich bei der Konstruktion des Jeeps eindeutig um einen eklatanten Rückfall. Es scheint fast, als sei hier das proletarische

Körperbild von Kraft und Stärke in die Welt der Automobile eingebrochen[1].

Damit verkehrt sich die automobile Zeichensprache radikal. Denn bisher galt für das Auto das Paradigma des Fluges, aerodynamische Formen wurden im Windkanal entwickelt. Alle Fahrzeuge wurden an die Naturgesetze der schnellen Bewegung angepaßt.

Die Botschaft des Jeeps ist eine andere: Keine Unterordnung unter die Gesetze der Aerodynamik. Keine gestreckte oder gestauchte Stromlinie mit abgeschrägter Frontpartie zur Verringerung des Luftwiderstandes. Kein Ducken, sondern ein Sich-Aufrichten, ein Stehen in der Bewegung, ein aufrechtes Bezwingen des unsichtbaren Widerstandes, ein Kampf nach der Logik der alten Ritterturniere. Im Jeep ist also ein Element vorhanden, das bisher in die Ästhetik des Autos noch keinen Eingang gefunden hat. Wucht und Größe des LKW verbinden sich mit Geschwindigkeit und Luxus der Limousine.

Der Jeep ist, wie noch näher auszuführen sein wird, ein für den Krieg entwickeltes Fahrzeug, ein Gerät, das dem Soldaten das Eindringen in unwegsames, steiniges oder verschlammtes Gelände ermöglichen soll. Um so dringlicher die Frage: Warum aber treffen wir den Jeep heute fast nur auf den städtischen Boulevards, auf herrlich ausgebauten Autobahnen oder seidenweich asphaltierten Bundesstraßen? Da aus funktioneller Sicht eigentlich keinerlei Sinn erkennbar ist, keimt ein Verdacht auf, der durch eine sozialpsychologische These Wilhelm Reichs erhärtet wird: Wird hier nicht ein Auto entwickelt analog zu Reichs Modell der Muskelpanzerung an den falschen Stellen? Reich beschreibt das Aufeinanderprallen von Triebansprüchen und versagender Außenwelt[2]. Die Folge solcher Konflikte ist eine Panzerung des äußeren biopsychischen Systems[3], die zu besonders unempfindlichen Körpergrenzen führt. Diese schwer fühlbaren eigenen Grenzen gehen oft einher mit einer zwanghafte Tendenz zur Erweiterung eben dieser Körpergrenzen durch die Verbindung mit einem größeren, mächtigeren Objekt.[4]

Der amerikanische Jeep wurde im Zweiten Weltkrieg entwickelt, er war die Antwort auf die Erfindung des deutschen Geländewagens, des VW-Kübels. Zur selben Zeit entwickelte Wilhelm Reich seine Orgasmustheorie, in deren Zusammenhang er auch auf das Phänomen der Körperpanzerung stieß. Aus seiner Sicht war der ganze Weltkrieg nichts anderes als eine gigantische Inszenierung einer riesigen männlichen Horde, die aufgrund ihrer charakterlichen Prägung als Körperpanzer keine andere Wahl hatte, als auf andere riesige Blöcke zu schießen. „Andrerseits ist er ganz Panzer, rasendes Geschoß, stählerne Begrenzung. Das Stahlkleid, das er trägt, scheint ihm die verschwundene Haut zu ersetzen. Er ist gesammelt und auf Ziel streng ausgerichtet, also auch äußerst kontrolliert. Immer noch sind es zwei Gegensätze, die in diesem ‚Ganzen' rasen und toben, ausbrechen und dennoch gefesselt bleiben."[5]

Gab es nicht zahlreiche Tendenzen im Stil der deutschen Kriegführung, die zeigten, daß der Soldat sich nichts sehnlicher wünschte als ein Verschwinden des eigenen, durch Erziehung, Prügel und Drill erworbenen Körperpanzers, seine endgültige Auflösung durch Explosion, ein Eindringen in den feindlichen Körper in Gestalt eines Projektils?[6] Nur auf diese destruktive Weise vermochte der Soldat den unempfindlich gewordenen Körper zu spüren. Zugleich tendierte er dazu, seinen Körper mit unterstützenden Maschinen zu verbinden und dabei lustvolle Zerstörungsphantasien zu entwickeln.[7] Aus diesem Bewußtsein heraus wurden die ergänzenden Waffen entwickelt. Es war keineswegs ein Zufall, daß die Nationalsozialisten es waren, die mit dem VW-Kübelwagen den ersten Geländewagen entwickelten. Psychische Bewußtseinslagen suchen sich stets die Maschinen und Geräte, die ihnen entsprechen.

Das Bewußtsein des Körperpanzers war Voraussetzung für die Erfindung des Geländewagens, des Jeeps. Der Verdacht liegt nahe, daß die Entscheidung für einen LKW im Personenverkehr auch heute noch etwas mit der Reichschen Theorie der psychischen Panzerung zu tun hat. Vermutlich sind die Symptome der inneren Panzerung heute subtiler als zur Zeit des Krieges, aber die aktuelle Situation der westlichen Gesellschaften steht ja trotz aller

Beschwichtigungsstrategien im Zeichen des Kampfes auf allen Ebenen. Täglich werden in allen Bereichen des Lebens Sieger und Verlierer produziert. Gerade in den zähen Schlachten des Alltags bildet sich heute ein neuer primitiver Typus des Siegers heraus. Es ist der Aufsteiger, der seiner inneren Verhärtung und Panzerung den sozialen Aufstieg verdankt und diesen Erfolg als sozialen Durchbruch stilisiert. Deshalb hält er offensichtlich den Jeep für jenes Fahrzeug, das ihm auf den Leib geschrieben ist.

Damit scheint der Jeep ein neues Kapitel bürgerlicher Selbstdarstellung aufgeschlagen zu haben, das vollkommen dem Bild des siegreichen Bürgers in unserer Aufstiegs- und Ellbogengesellschaft entspricht. Unverdorben durch jede Form von Bildung, die den blanken Utilitarismus überstiege, unbelastet von kulturellen Ambitionen, finanziell gut ausgestattet, hat er die ihm adäquate Art des Transports gefunden. Die Körperprägung verlangt nach einer Maschine, die Kraft, Kontrolle und ständigen Raumgewinn verspricht. Der postmoderne Körperpanzer hat seinen symbolischen Ausdruck gefunden.

Militärstrategisch besteht die innovative Funktion des Jeeps darin, daß er sich außerhalb der befestigten Straße und im verwinkelten Labyrinth des Geländes fortbewegen kann. Der Jeep verfolgt also das Prinzip der Linearität ohne Straße, das heißt, er ist im Moment des Durchbruchs selbst die Einheit von Fahrzeug und Straße, er sucht den kürzesten Weg von A nach B. Diese Philosophie der linearen Funktionalität drückt sich auch im asketischen Erscheinungsbild des alten Jeeps aus, als wären hier Bauhaus-Theoretiker am Werk gewesen. Bezeichnend ist in dieser Hinsicht die Entstehungsgeschichte des Jeeps, die einen kleinen Beitrag zur Genese technischer Mythen in den USA des Zweiten Weltkriegs liefert. Dort wurde mit dem Kriegseintritt über Nacht die gesamte zivile Autoindustrie auf militärische Produktion umgestellt, die unter anderem auch die Entwicklung eines neuen LKW zum Ziel hatte. Die Firma Willis Overland gewann die Präsentation und wurde mit der Produktion des ersten Jeeps, des Urvaters aller Cherokees, Discoverys, Patrols und Troopers, beauftragt.

Sein Schöpfer war ein gewisser Karl Probst, offensichtlich ein deutschstämmiger Amerikaner.⁸ Er ließ sich, so jedenfalls die Legende, für ein Wochenende in seinem Büro mit nichts anderem als einigen Stangen Lucky Strike und einem mächtigen Stapel Autoersatzteilkatalogen einsperren. Weil es Sommer und sehr heiß war, soll er sich ein feuchtes Handtuch um die Stirn gebunden haben und so ans Werk gegangen sein. Das Ergebnis war offensichtlich zufriedenstellend, nur fiel niemandem ein Name für das neue Fahrzeug ein, und so bezeichnete man es einfach im Sinne des Projektes als „Jeep". Der Name steht für „G.P.", die Abkürzung für „general purpose", was auf Deutsch soviel wie „Allzweckauto" heißt.

Bei diesem Fahrzeug lag, zumindest nach der Logik der Designtheoretiker, ein Maximum an Ehrlichkeit im Design vor, da keinerlei Dekor und nicht die kleinste Gefälligkeit die funktionalistische Botschaft korrumpierte.⁹ Das Auto bestand ausschließlich aus gerade greifbaren Ersatzteilen. War es nicht der Gipfel des Minimalismus, daß man selbst den Namen eingespart hatte und sich mit „G.P." begnügte? Noch heute schwärmen Leute von dem ästhetischen Purismus dieses Fahrzeuges – eines Produkts der protestantischen Ethik des alten Amerikas.

Eisenhower behauptete nach dem Krieg, daß Amerika den Sieg vor allem den folgenden vier Waffen verdanke: der DC 3, der Bazooka, der Atombombe und dem Jeep. Diese martialischen Erfolge und das Bewußtsein protestantischer Werktreue sicherten dem Jeep und seiner Firma auch in der Nachkriegszeit große Absätze und bereiteten so seinen Siegeszug durch die USA vor.

Dennoch, mit derartigen Eigenschaften allein wäre heute kein Staat zu machen, von einem Massenerfolg ganz zu schweigen. Im Zeitalter des Hedonismus hat derartige Askese höchstens abschreckende Wirkung, und so wurde auch, eine völlige Neugestaltung und Konzeption des Jeeps notwendig. Die alten Qualitäten der Wucht und Masse, Signale des Durchbruchs und selbstverständliche Elemente eines Kriegsfahrzeugs, sind auch heute noch höchst willkommen, ist damit doch endlich eine adäquate Geste der Ellbogengesellschaft auch im Straßenverkehr möglich.

Die anderen Merkmale aus vergangenen Zeiten wie Tarnfarbe, Langsamkeit und Unbequemlichkeit wären jedoch Gründe, das

Auto sofort zum Schrotthändler zu bringen. Daher waren gewaltige Korrekturen notwendig, die den alten Militärjeep in einen neuen, zivilen Luxusjeep verwandeln: Zunächst wurde das Manko des mangelnden Komforts behoben. Armeefahrzeuge pflegten nicht wie ein Pullman-Coupé ausgestattet zu sein, der alte Stil der Militärs folgte der Logik der Askese und nicht den Verlockungen des Hedonismus. Doch heute sind die Zeiten des frühen Jeeps oder des frühen Landrovers, bei denen die Geländefahrt zu einem asketischen Erlebnis der besonderen Art wurde, längst vorbei. Die heutigen Jeeps sind ungleich bequemer und technisch so fortgeschritten, daß man Geländefahrten sogar zum Vergnügen betreiben kann. Klimaanlage, elektrisch verstellbare Ledersitze und Wurzelholzeinlagen schaffen ein Luxusinterieur, das den Fahrer wie mit einem Wattebausch abpolstert.

Beim alten Kriegsjeep verzichtete man aus Gründen der Tarnung auf ein glänzendes Äußeres. Beim neuen Jeep folgt man mit leuchtenden Farben eher den Prinzipien der Kriegsbemalung, wie sie von den Indianern angelegt wurden, um den Gegner zu beeindrucken und zu schrecken. Sichtbarkeit ist wieder Trumpf.

Die von der Logik des Fahrzeuges her verblüffendste Neuerung ist die hohe Geschwindigkeit, die der neue Jeep erreichen kann. Großvolumige 6- und 8-Zylinder-Motoren sorgen dafür, daß man bei der Durchsetzung des linearen Prinzips nicht auf das Tempo verzichten muß und es selbst mit schnellen PKWs aufnehmen kann. Die Verwandlung in einen rasenden Truppentransporter, der in den Bürgerkrieg auf der Autobahn zieht, ist vollzogen.

Die Kreditkarte –
Rothschilds Vermächtnis

Das Schönste an der Kreditkarte ist das Wunder des Geldautomaten. Wir schieben sie in einen kleinen Schlitz – die tiefenpsychologische Deutung ist hier unschwer zu erraten –, tippen den Geheimcode ein und ziehen einige Augenblicke später Geld aus einem anderen Schlitz. Es ist, als ob wir das „Sesam öffne dich" gesprochen hätten und der Berg sich für einen Augenblick geöffnet hätte, damit wir vom gewaltigen Schatz rasch einige Goldstücke zusammenraffen konnten. Hier dürfen wir Magier sein, denn unser Geheimcode ist die Zauberformel, die den Geldautomaten zum gehorsamen Sklaven unserer Geldwünsche macht.

Doch diese Magie wird bald der Vergangenheit angehören, wenn der Geldumlauf endgültig dematerialisiert und nur mehr auf der Ebene der elektronischen Information stattfinden wird. Denn der Geldautomat ist das letzte Zugeständnis an alle Erotiker des Schatzes, die nur dann ans Geld glauben können, wenn sie es in der Hand halten. Andy Warhol war noch einer der alten Fetischisten der Dollarnote, er liebte sie in bar und verewigte sie als Kunstwerk. So schätzte er es besonders, im Supermarkt mit einer 100-Dollar-Note zu bezahlen, weil dieser in Amerika als anstößig empfundene Akt der Barzahlung stets das Herbeizitieren des Geschäftsführers notwendig machte. Bargeld macht verdächtig. Wer in Amerika auf diese Art auf die Dinglichkeit des Geldes hinweist, verstößt offenbar gegen das protestantische Ethos, das sich die

Dematerialisierung und Beschleunigung der Welt aufs Banner geschrieben hat. Auch pflegte Warhol dadurch zu provozieren, daß er wie ein Geschäftsmann die Dollarscheine in einem Kuvert bei sich trug, säuberlich gebündelt und mit Büroklammern versehen.

Aber der Trend zur zunehmenden Verflüchtigung und Vergeistigung des Geldes durch die Kreditkarte ist unaufhaltsam. Das Ziel ist das völlige Verschwinden des Papiergeldes. Baron Rothschild demonstrierte dies bereits, indem er sein Geld auf folgende Weise aufbewahrte: Er faltete jeden Schein einzeln, zweimal der Länge nach, immer einen ganzen Stapel. Seiner Meinung nach war es in dieser merkwürdigen Stangenform weniger sichtbar und daher länger haltbar. Kurzum, das Finanzgenie setzte bereits intuitiv eine Geste, die das Verschwinden des Geldes symbolisierte. Diese magische Dematerialisierung des Geldes konnte nur von einem Mann vollzogen werden, bei dessen Reichtum und Vermögen die Finanzgeschäfte längst in den Status des Informationscharakters übergegangen waren.

Geld ist seinem Wesen nach immer schon ein abstraktes Mittel des Tausches gewesen. Georg Simmel meint dazu in seiner „Philosophie des Geldes": „Für den absoluten Bewegungscharakter der Welt nun gibt es sicher kein deutlicheres Symbol als das Geld. Die Bedeutung des Geldes liegt darin, daß es fortgegeben wird; sobald es ruht, ist es nicht mehr Geld seinem spezifischen Wert und Bedeutung nach. Die Wirkung, die es unter Umständen in ruhendem Zustand ausübt, besteht in einer Antizipation seiner Weiterbewegung. Es ist nichts als der Träger einer Bewegung, in dem eben alles, was nicht Bewegung ist, völlig ausgelöscht wird, es ist sozusagen actus purus."[1] Schon die Rundheit der Münzen weist darauf hin, daß sie rollen müssen, eckige Münzen mußten abgeschliffen werden. In manchen Ländern gab es Kugelgeld aus Glas, Holz oder Achat. Das Prinzip der Abrundung von Geldbeträgen deutet in dieselbe Richtung[2].

Die Verflüchtigung des Geldstoffes sozusagen in Atome – so Simmel[3] – beschleunigt und vermehrt den Geldfluß außerordentlich, wodurch sich auch die Geldmenge vergrößert. Schon im neunzehnten Jahrhundert konnte man beobachten, daß alle Geldsurrogate wie Scheck, Wechsel oder Giro zwar Münzen und Papiergeld nicht verdrängten, aber zu einer schnelleren Umsetzung des Geldes führten. Die enorme Steigerung der Umsätze beruhte nicht auf einer Vermehrung der Geldsubstanz, sondern auf einer Erhöhung der Umlaufgeschwindigkeit.[4]

Aber Geld war natürlich immer schon mehr wert als das Material, aus dem es besteht, wie sein Ursprung aus dem Opferkult beweist.[5] Einmal mehr waren es die Mutter- und Fruchtbarkeitsgöttinen, denen durch ein Opfer eine reiche Ernte und die Vermehrung des Viehs abgegolten werden sollte. Das Opfer war also die erste Währung im Zahlungsverkehr mit den Göttern, die sich damals noch nicht auf eine Girobeziehung einließen. Im Tempel der römischen Göttin Juno wurden Münzen geschlagen, daher erhielt sie den Beinamen „Juno moneta". In Griechenland ist der Tempel der Hera Latenia der Tempel der Göttermutter und zugleich das Zentrum des Geldverkehrs. Diese Muttergöttin wurde als Kuh dargestellt und verehrt, ihr wurden Kühe zum Opfer gebracht. Die Tempelbehörden tauschten kleine Opfertiere gegen Naturalien, die von den Gläubigen während des Gottesdienstes geopfert wurden. Nach der Feier wurden sie wieder eingesammelt und am nächsten Tag erneut verkauft. Das Entscheidende dabei ist, daß die Opferkühe ihrem Charakter nach bereits Opfergeld waren, man brauchte sie bloß noch in Münzen umzuwandeln, um echtes Geld zu haben. Die ersten Münzen trugen stets Symbole der Muttergottheiten wie die Schildkröte für die Aphrodite Urania, das heilige Schwein der Demeter oder einfache Opfergeräte wie den Dreifuß oder die Doppelaxt Krotons. Das erste Geld ist also Opfergeld – das lateinische Wort für Geld (pecunia) stammt von „pecus", dem Wort für Vieh. Geld ist im schwierigen Kreditgeschäft mit den Göttern entstanden. Im Tempel wurden Kredite auf die Fruchtbarkeit gewährt, regelmäßige Opfer entsprachen einem Kontokurrentkredit auf Sakralität.

Die religiösen Anschauungen schlugen sich auch in der Wahl des Münzmaterials nieder. Der Umstand, daß sie aus Metall geschlagen wurden, hatte nicht etwa praktische Erwägungen der Haltbarkeit zur Ursache, sondern beruhte auf der mythischen Vorstellung, daß die Welt des Bergbaus und der Metalle dem Bauch der Mutter Erde und damit dem weiblichen Symbolkreis zugeordnet ist. Das Metall verkörpert durch seine Substanz noch die alten magischen Beziehungen des Menschen zur Materie. Es stammt aus der Erde und ist mit den alten Mythen des Bergbaus verwachsen. Ein gutes Beispiel dafür ist noch immer der österreichische Maria-Theresia-Taler, der sich in vielen Gegenden Afrikas noch bis vor kurzem als inoffizielle Währung gehalten hat. Obwohl es hier niemals eine Beziehung zu Österreich gegeben hat, erfreute sich diese Münze einer großen Beliebtheit. Denn sie ist aus schwerem Silber und paßt deshalb in die religiöse weibliche Symbolkette, die zwischen dem Mond als dem Planet der Frauen, dem Spender der Fruchtbarkeit, und dem ihm zugeschriebenen Metall des Silbers gespannt ist.[6]

Aus der Sicht des Ökonomen war diese Art von Währung immer schon zu träge, da Münzen, weil sie an sich schon einen Schatz darstellen, ungern aus der Hand gegeben werden und damit den Geldfluß verlangsamen. Der Mensch ist seinem Wesen nach langsam und vorsichtig. Die Tauschsituation ist heikel und immer mit einem Moment der Unsicherheit behaftet. Elias Canetti beschreibt das in „Masse und Macht" folgendermaßen[7]: Eine Hand hält den Gegenstand, mit dem sie zum Tausche lockt, die andere Hand langt voller Verlangen nach dem gewünschten Tauschobjekt. Die erste Hand läßt ihren Gegenstand erst los, wenn sie mit der anderen Hand das Tauschobjekt ergreifen kann, etwa in der Art eines Trapezkünstlers, der eine Stange gegen die andere wechselt. Dieser Gebrauch der Hände stammt von den Affen, die das Klettern erlernten, indem sie zunächst das Loslassen eines Astes wagen mußten, um den nächsten im richtigen Moment zu ergreifen. Ein Fehler konnte gefährliche Stürze verursachen. Daher war das Loslassen des Astes immer ein Risiko.

Mit der Einführung der Kreditkarte kommt es zu einer anthropologischen Wende, die die Hände von der alten Dramatik des Tausches befreit. Das Prinzip des Ergreifens und Loslassens hat hier ausgedient. Nur beim Umgang mit Papiergeld empfindet man den Akt des Loslassens oft noch als schmerzhaft. Freud deutet das

Phänomen des Loslassens psychoanalytisch, er sieht eine tiefe Verbindung zwischen dem Komplex des Geldinteresses und der Stuhlentleerung.[8] Wer als Kleinkind zu früh oder zu nachhaltig zum Reinwerden angehalten wurde, wird diesen Komplex später durch Geiz und durch ein übersteigertes Interesse am Geld kompensieren. Die Freude am Geld ersetzt die entgangene Lust des Kindes am Exkrement. Die moderne Geldwirtschaft kommt solchen Neurosen besonders entgegen. Die Scheckkarte ermöglicht ein schmerzfreies Loslassen des Geldes, sie erlaubt gleichsam das Bezahlen unter Narkose. Die Kreditkarte ist die billigste Therapie gegen anale Verklemmung beim Zahlungsakt, ein Laxativ des Geldes.

Obwohl sich bereits das Papiergeld von den metallischen Mythen des Geldes abgelöst hatte und damit die erste Stufe der Dematerialisierung bildete, waren immer noch sinnliche Momente erkennbar. Erst auf der Stufe des elektronischen Kreislaufs verwandelt sich das Geld in reine Information und nähert sich jenem Zustand an, den Simmel als die Vergeistigung des Geldes bezeichnet hatte[9]. Der Geldstrom fließt zwischen den Beton- und Glastabernakeln der Banken. Nur die Schlitze der Geldautomaten ermöglichen noch ein Eindringen in das riesige Urmeer des Geldflusses.

Das Konzept der Kreditkarte vereinigt den kinetischen Imperativ des Geldes mit der sakralen Idee des Kredites. Die Kreditkarte ist die heilige Waffe zur Beschleunigung der Geldsubstanz, die letzte Monstranz des Geldes vor seiner Transsubstrantion in E-Cash und der Erlösung durch den digitalen Code des Monetären.

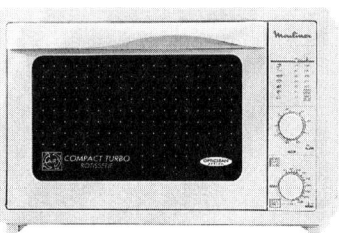

Die Mikrowelle –
Marinettis Fluch

„Ein rohes Ei und eine Magnetfeldröhre werden zueinander in Stellung gebracht. Die Radioröhre bestrahlt das Ei. Ein Mensch mit vorwitzigem Charakter drängt sich vor das Gerät und betrachte es neugierig. Danach wird das Ei, das sich von innen erhitzt hat, unter Druck platzen. Dem Gast, dem dieses Ei am Kopf klebt, werden Erfrischungstücher gereicht, die mit Eau de Cologne parfümiert sind. Danach wird ihm zur Entdeckung des Mikrowellenherdes gratuliert, und er wird zur Wiederholung des Experimentes aufgefordert. Ein neues Ei wird gebracht, Erfrischungstücher werden bereitgelegt ... Zugleich versucht eine andere Person, über die Radioröhre Kontakt mit dem Jenseits aufzunehmen und die Stimmen von Verstorbenen aufzufangen. Im Hintergrund wird Marschmusik gespielt."

Diese Szene ist erfunden, aber sie basiert auf einer realen Begebenheit bei der Erfindung des Mikrowellenherdes und paßt in das futuristische Programm des Filippo Tomasso Marinetti, nach dem die Speisen wie ein Kunstwerk nicht nur unter Einbeziehung aller fünf Sinne, sondern auch der modernsten Technologie zu erschaffen sind. Marinetti dachte noch weiter, an Ernährungswellen, die über das Radio verbreitet werden sollten, an die Übertragung eines Extraktes der besten Speisen.[1] Es wäre absolut in seinem Sinn gewesen, daß der Mikrowellenherd ein Produkt des Krieges war. Marinettis kriegerische Phantasien, die der futuristischen Bewegung nicht fremd sind, seine Schwärmerei für Maschinen, für das Flugzeug, für das Aluminium und schließlich, irregeleitet, für den Faschismus Mussolinis hätten keinen besseren Ausdruck finden können als die Verwandlung eines Radargerätes in einen Herd.

Denn tatsächlich fällt die Entstehungsgeschichte dieses Gerätes in die Zeit des Zweiten Weltkriegs, wo sie in der militärischen Nachrichtentechnik und Abwehr ihren Anfang nahm. Die Röhre zur Erzeugung von Mikrowellen ist eine englische Erfindung aus dem Jahr 1940, und sie wurde zunächst in der Radarabwehr sehr erfolgreich eingesetzt.[2] Erst nach Beendigung des Krieges, im Jahr 1946, testete ein Dr. Percy Spencer der Firma Rayton eine Magnetfeldröhre. Während der Arbeit wollte er sich mit einem Schokoladeriegel stärken, der sich in seiner Jackentasche befand. Er griff nach der Schokolade und mußte feststellen, daß sie zu einer weichen, klebrigen Masse geschmolzen war. Offenbar war die Jacke mit den Strahlen in Berührung gekommen, obwohl er keine Wärme gespürt hatte. So stellte er einige Versuche mit anderen Nahrungsmitteln an. Zunächst verwandelte er Mais erfolgreich in Popcorn. Als er gerade seine Bestrahlungsversuche mit Eiern fortsetzte, beugte sich ein neugieriger Mitarbeiter über den Topf und hatte plötzlich gelbe Spritzer im Gesicht. Das Ei hatte sich von innen her erhitzt und war durch den Druck geplatzt. Das ermunterte Spencer zu weiterer Arbeit an der Entwicklung. Wenn es möglich war, ein Ei so schnell und unkonventionell zu kochen, warum nicht auch andere Nahrungsmittel? Nach einigen Jahren war der erste Mikrowellenherd serienreif. Sein Name war „Radar Range", was eher nach einem Militärfahrzeug als nach einem Küchengerät klang. Die ersten Modelle waren noch zu groß und sahen eher wie ein überdimensioniertes Radio als wie ein Herd aus. Für den allgemeinen Durchbruch war die Zeit aber noch nicht reif.

Obwohl dieser Dr. Spencer sicher nie in seinem Leben etwas von Marinetti gehört hatte, hat er das technische Programm des Futurismus für die Küche umgesetzt. Spencer war natürlich kein Theoretiker der Küche, sondern Praktiker der Elektrotechnik, aber er hätte sicher Marinettis Begeisterung für die moderne Technologie geteilt. Denn Marinettis Theorie war nicht nur philosophisch, sondern auch technisch auf dem letzten Stand seiner Zeit, und er teilte diese Begeisterung auch mit. So empfahl er die Verwendung von „Ozonisatoren", die den Lebensmitteln eine Brise Ozon verleihen sollten, um einen Hauch der Langstreckenflugzeuge in die Speisen zu bringen. Oder Lampen mit ultraviolettem Licht, das den Nährwert der Nahrungsmittel verbessern sollte, sowie „Elektrolyseure", die die Säfte trennen und auf neue Weise wieder zusammensetzen konnten, um revolutionäre Substanzen zu gewinnen.[3]

All diese halbernst gemeinten Vorschläge Marinettis wurden auf die eine oder andere Weise realisiert, aber stets in einer Art, die absolut nicht den Zielen Marinettis, nämlich der ästhetischen Analyse und der symbolischen Darstellung des Kochprozesses, diente. Wenn Marinetti von einem Diskurs über die Küche träumte, an dem Wissenschaft und Technik beteiligt sein sollten, so hatte er das futuristische Projekt der Schönheit vor Augen. Es ging ihm um den Verzehr von Kunstwerken, alle Menschen sollten die Sensation eßbarer Kunstwerke erleben, die reale Verbindung von Kunst und Körper: „Die futuristische Revolution der Kochkunst setzt sich das hohe, edle und gemeinnützige Ziel, die Ernährung unserer Rasse radikal zu ändern, um diese zu stärken, zu dynamisieren und zu spiritualisieren, und zwar durch ganz neue Speisen, bei denen Erfahrung, Intelligenz und Phantasie so wichtig sein werden wie bei den bisherigen Quantität, Einfallslosigkeit, Wiederholung und Preis. Diese unsere futuristische Küche, wie der Motor eines Wasserflugzeuges auf hohe Geschwindigkeiten eingestellt, wird manchen zitternden Passatisten verrückt und gefährlich vorkommen: sie will jedoch endlich eine Übereinstimmung zwischen dem Gaumen der Menschen und ihrem Leben heute und morgen schaffen."[4] Soweit das futuristische Konzept aus den frühen dreißiger Jahren. Wie aber sieht die gastronomische Realität des ausgehenden zweiten Jahrtausends aus?

Wer heute Hunger verspürt, öffnet den Kühlschrank und wählt zwischen Gerichten wie Ragout à la provencale, mexikanischem Burito mit Bohnen, Huhn Shanghai oder chinesischer Frühlingsrolle. Hier bewegt er sich im Raum kulinarischer Exotik, wenn auch auf niedrigem Niveau. Hier lagert das gastronomische Gut aller Kontinente, allerdings übertragen in die populäre Sprache der Fast food. Ein kurzer Einsatz der Mikrowelle wird notwendig, Minuten später kann man sich als der Erbe der Kolonialherren fühlen, der sich die neue Welt durch exotische Köstlichkeiten aneignet. Fremdes ist Feines, die unterworfene Natur, die eroberte Welt stehen zur Verfügung. Die Labors der Großkonzerne machen es möglich.

Vielleicht hätte Marinetti dieses Repertoire an Speisen als schlechte Parodie auf die Kolonialherren gelten lassen, war er doch selbst Kenner der Kolonien. Nicht zufällig meldete er sich mit weit über fünfzig Jahren als Freiwilliger zu Mussolinis Einmarsch nach Abessinien. Seine Vorstellungen exotischen Speisens hat sein Freund Filla, der futuristische Luftmaler, im „Geographischen Essen" dargestellt: „Ein Saal im Restaurant ist mit Aluminium und verchromten Röhren geschmückt. Durch die runden Fenster erblickt man wie in geheimnisvoller Ferne koloniale Landschaften. Die Gäste schlagen in großen Atlanten nach, während unsichtbare Grammophone geräuschvolle Negerplatten spielen. Die Kellnerin, eine wunderschöne junge Frau, gänzlich mit einer weißen Tunika bekleidet, die ihren ganzen Körper einhüllt und auf der die vollständige Landkarte von Afrika farbig eingezeichnet ist . Wenn ein Gast auf die linke Brust der Oberkellnerin tippt, auf der KAIRO geschrieben steht, wird einer der Kellner sich stillschweigend entfernen und schnell mit einer Speise zurückkommen, die jener Stadt entspricht. In diesem Falle: Liebe am Nil, in Palmwein eingelegte Pyramiden aus kernlosen Datteln. Rings um die größte Pyramide Würfel aus Milchreis mit Zimt voll gerösteten Kaffebohnen und Pistazien."[5]

Was hätte er wohl zu der neuen Generation von Fertiggerichten gesagt, die nun als „Convenience-Ernährung" bezeichnet werden und die auf einem Zusammenspiel von Fabrik, Kühlschrank, Mikrowelle beruhen: Spaghetti Bolognese, Huhn mit Curry und Bambussprossen, Geschnetzeltes in Rahmsauce, bis hin zum Rinderfilet mit Kroketten? Bei den Spaghetti, mittlerweile einem Standardgericht der Mikrowellenküche, dürfen wir uns seiner Reaktion gewiß sein. Sie hätten einen unmittelbaren Wutanfall zur Folge gehabt. Dem Huhn mit Curry hätte er sein Fiathuhn entgegengestellt, dessen Rezeptur auf einer wunderbaren Mischung aus kulinarischen und technischen Fertigkeiten beruht. Das Huhn wird zuerst gekocht, dann gebraten, bevor der Koch eine Höhlung in den Rücken gräbt und eine Handvoll silberner Kugellagerkugeln hineinlegt. Diese Höhle wird nun durch einen roten Hahnenkamm zugenäht. Das Kugellagerhuhn wird zur Feuerprobe erneut in den Herd geschoben und nach zehn Minuten Garzeit mit Sahne serviert.[6]

Von den anderen Tiefkühlgerichten, wie dem Geschnetzelten mit Rahmsauce, dem Rindsfilet mit Kroketten und dergleichen, hätte er vielleicht noch die „Light"-Varianten akzeptiert, weil sie trotz des Verstoßes gegen alle Regeln der Originalität seinem Kampf gegen die schwere Küche entsprochen hätten: „Ich kündige euch die nächste Manifestation der futuristischen Küche zur völligen Erneuerung des italienischen Ernährungssystems an; damit soll so schnell wie möglich die Notwendigkeit ausgedrückt werden, der Rasse neue und heroische Kräfte einzuflößen. Die futuristische Küche wird von der alten Besessenheit durch Volumen und Gewicht befreit sein; einer ihrer Grundsätze wird die Abschaffung der Pasta asciutta sein ..."[7]

Aber was ist ein Light-Geschnetzeltes mit Rahmsauce im Vergleich zu Kompositionen wie „Brühe aus Rosen und Sonne", „Liebling des Mittelmeers zick-zack", „Windrädchen von Artischocken"?[8] Marinetti wollte einen neuen Menschen, eine neue Kultur, eine neue Zivilisation schaffen, indem er sie neuen Kategorien der Vitalität, der Energie und der Gesundheit unterzieht. Die Küche wurde zur Arena dieser heidnischen Revolution bestimmt. „Von den sprichwörtlichen Ausnahmen abgesehen, haben sich die Menschen bisher wie Ameisen, Mäuse, Katzen und Ochsen ernährt. Durch uns Futuristen entsteht die erste menschliche Küche, das heißt die Kunst, sich zu ernähren. Wie alle Künste schließt sie das Plagiat aus und verlangt schöpferische Originalität."[9]

Vielleicht hätte Marinetti an der Tiefkühl-Fast-food seine Freude gehabt, die von den Food-Designern, den Testpiloten der Lebensmittelindustrie, zahlreichen Zuverlässigkeitstests und anderen Probeläufen, vom Viskosimeter bis zum Flüssigkeitschromatographen, unterzogen wird, bevor sie ins Rennen unter die Strahlenkanone gehen darf. Möglicherweise hätte er den kurzen Einsatz der Mikrowelle bewundert, die die Eiweißverbindungen von minus 20 Grad auf nahezu 100 Grad hochzujagen hat. Und wahrscheinlich hätte er auch die stabilen, neuerschaffenen Molekülverbindungen bewundert, die die klapprigen Gebilde der alten organischen Substanzen ersetzen, da sich bei schneller Erhitzung zahlreiche Moleküle vorzeitig verabschieden.[10] Doch abseits dieser technischen Leistungen hätte er die neue Küche als zutiefst vulgär empfunden.

Die Lebensmittelchemiker, die Food-Designer, haben – von der Öffentlichkeit weitgehend unbemerkt – den Koch abgelöst. Allerdings hat ihre Arbeitsweise nichts mehr mit Kochen zu tun, sondern sie entspricht wohl eher einer düsteren Alchemie, die die Idee der Frische durch eine raffinierte Technik der Leichenbalsamierung ersetzt. Die Unsterblichkeit des Rindsbratens, die Aufhebung der Raum- und Zeitkomponenten für die Kartoffelkroketten, die exakt vorherbestimmte Lebensdauer der Karotte – das alles dient vielleicht der dumpfen Pragmatik des Alltags, aber es verstößt gegen alle kulinarischen Gesetze der Komposition des Alimentären. Die Flüchtigkeit gehört nun einmal zur existentiellen Seinsweise zum Schmoren oder Dünsten dazu.

Der Koch ist ein Künstler, der tagtäglich gegen das Phänomen der Zeit ankämpft und der Tyrannei des Chronos unterworfen ist. Die Kochzeit am Herd und die ideale Temperatur auf dem Teller verlangen, daß er ein Meister des rechten Augenblickes ist – einen Moment zu früh oder zu spät, und das Werk ist verpfuscht und verloren.[11]

Der Food-Designer hat viele Rollen. Er braut aus Sojapulver, Gelatine, Xanthan-Gummi und Algenextrakt ein Käseimitat für die Tiefkühlpizza, oder er meldet Gruselrezepturen aus Schlachthausblut und Hühnerfedern als Patent an.[12] Überhaupt geht der Ehrgeiz der Konzerne dahin, Ungenießbares in einer Weise zu verfremden, daß man es dem Publikum vorsetzen kann. Im wesentlichen ist die heutige Strategie des Food-Designers eine Travestie der Kochkunst, ein Angriff auf die Sensibilität der Geschmacksnerven.

Gesellschaftlich handelt es sich bei dieser Form der Speisen um eine letzte Variante der bürgerlichen Strategie der Verhüllung, der Maske und der Heuchelei.[13] Die Gerichte suggerieren eine bürgerliche Küche, die Fernsehspots und das Verpackungsdesign besorgen die Präsentation im Stile des glücklichen Augenblickes, während die Food-Designer das Innere chemisch überdecken, verhüllen und verderben. Charakteristisch dafür ist die omnipräsente Sauce, die als fette, ölige und klebrige Schicht zur bevorzugten Konvertierungstechnik der Tiefkühl- und Mikrowellenküche zählt. Masse, die die Leerstellen und Höhlungen füllt und die dem Bürger das satte Gefühl von Zufriedenheit und Völle vermittelt.[14]

Die Mikrowelle ist der vorläufige Endpunkt in der Entwicklung des Verschwindens des Feuers aus der Küche. Die offene Feuerstelle unter dem Rauchloch bildete ja zunächst überhaupt das Zentrum des Hauses, war Quelle von Licht und Wärme, Kochstelle und Mittelpunkt des sozialen Lebens. Im Zuge der Rationalisierung und Differenzierung des Wohnens und des veränderten Bauwesens rückte das Feuer zunächst an die Wand, wurde in den Kamin und später in den Ofen verbannt.[15] Der Herd erfüllte ursprünglich noch die dreifache Aufgabe der Heizung, des Kochens und der Beleuchtung. Dann trennte sich die Funktion der Beleuchtung ab und es entstand ein Gerät, das allein die Funktionen des Kochens und der Beheizung ausübte. Auch diese trennten sich voneinander. Der Herd diente fortan nur mehr dem Kochen, seine Versorgung erfolgte durch abstrakte Energie: Gas oder Strom.[16] Die Mikrowelle ist nun die letzte Stufe der Entwicklung, die eine erneute Steigerung der Abstraktion möglich macht. Sie führt zu einem Paradigmenwechsel in der Ordnung der Küche, der einem Wechsel vom analogen zum digitalen System vergleichbar ist. Es ist die letzte Stufe der Metamorphose des Feuers: von der Flamme zum Licht, vom Licht zur Strahlung und schließlich zur elektromagnetischen Welle.

Die Entwicklung steht in einem größeren sozialen Kontext. Kochen war lange Zeit ein Vorgang, der der Frau vorbehalten war. Die Hausfrau war die Herrin der Küche, sie bearbeitete die Materie und zelebrierte eine Tätigkeit, die in ihrer Bedeutungsvielfalt durchaus mit der Arbeit der Schmiede und Schamanen vergleichbar war. Schmoren, braten, abbrühen, grillen, blanchieren, dünsten, flambieren, zerlegen, kneten, in Scheiben schneiden, stäuben, aufweichen, kneten, mahlen, legieren, marinieren, würzen – all diese Tätigkeiten ergeben das Zarte, das Knusprige des Gebackenen, die Saftigkeit des Fleisches, die Glätte einer Sauce. Die fünf Sinne sind in ihrer Gesamtheit gefordert. Mit ihren Händen praktizierten sie jene Philosophie, die heute in ritualisierter Form von den Kochkünstlern wie Daniel Spoerri und Peter Kubelka präsentiert wird. Die Hausfrauen waren keine Theoretikerinnen der Küche, aber wenn sie mit ihren Freundinnen über Rezepte diskutierten, so trieben sie damit den künstlerischen Diskurs über die Küche weiter und wurden zu Vorläuferinnen der Konzeptkünstler.

Freilich fehlten den Hausfrauen zwei entscheidende Voraussetzungen zum wirklichen Künstler: die Bühne und der Beifall. Gerade weil das Kochen in der Mythologie der Geschlechter in das Reich der Frauen fällt, war es später einigen Männern möglich, unbefangen und historisch unbelastet in dieses Ritual einzusteigen und den alten Sinn neu zu formulieren, die Tätigkeiten des Haushalts mit dem Medium des Theaters zu vereinen. Die Frauen hingegen verloren den Gefallen am alten Modus der Arbeitsteilung der Geschlechter. Für sie hat sich der Zauber des kulinarischen Rituals erschöpft und ist in den unbedeutenden Status der täglichen Fütterung abgesunken. Die Frau hat ihr Selbstbild, die Beziehung zum eigenen Körper und zur Materie dramatisch verändert.[17]

Kochen ist eine Tätigkeit, die Dauerkontakt mit dem Flüssigen erfordert und wahrscheinlich schon allein deshalb von den Männern gemieden wurde. Männer strebten immer nach trockener Arbeit wie Handeln, Geschäftemachen, Reisen, Kriegführen, Lehren. Die Frauen sind heute froh, wenn sie die Feuchtigkeit der Küche gegen die Trockenheit der Büros austauschen können. Aus der kurzsichtigen Perspektive der Männer gilt und galt diese Art von feuchter Tätigkeit als minderwertig. Kochen verlangt aber das Vermischen von feuchten Substanzen, das Zubereiten des Breis, das Waschen von Obst und Gemüse, das Rühren der Suppe, das Mischen der Säfte, der Saucen, der Cremes. Vielleicht empfinden die Männer dieses Erlebnis des Feuchten auch deshalb als bedrohlich, weil sie ein Aufweichen des Körperpanzers befürchten[18].

Der Akt der Erhitzung des Fertiggerichtes obliegt zumeist immer noch der Frau. Doch ist sie nun vom Feuchten befreit und bedient sich der fortschrittlichsten Technik, des strahlenden Mediums des Lichtes und der Elektrizität, der Mikrowelle. Im Krieg zur geheimen Durchleuchtung des Territoriums entwickelt, also zur Kontrolle des Raums durch Radar, ist die Mikrowelle in Frauenhände geraten. Aber es soll schon Frauen geben, die das Gerät für andere Zwecke nutzen, und vielleicht sind jene Frauen, die über den Mikrowellenherd Kontakt mit dem Jenseits aufnehmen, nur die Vorboten einer neuen Transformation der Technik durch die Frau, die uns unbekannte kosmische Dimensionen eröffnet.

Tiefkühlgerichte werden heute bereits in über 80% der Haushalte verwendet. Da die traditionellen, echten Lebensmittel die unmoderne Eigenschaft haben, im Geschmack zu variieren, ließ man sich etwas Besseres einfallen. Es war ohnehin ein Skandal, daß die Qualität des Fleisches von der Tierart, der Fütterung und der Haltung abhing, daß Gemüse im Geschmack schwankte, von der Anbaumethode, im Freien oder im Glashaus, dem Boden, dem Reifegrad abhängig war. Vor allem daß gewisse Lebensmittel nicht zu jeder Saison erhältlich sind, stellte fast die Menschenrechte in Frage. Die Food-Designer machten dem Dilemma ein Ende. Dank der synthetischen Aromaträger läßt sich nun ein konstanter Geschmack liefern. 2-Äthyl-3,6-Dymethylpryazin steht für normalen Kartoffelgeschmack. Für Bratkartoffelduft nimmt man 2-Methoxyl-3-Äthylpriazin. Di-2-Propenyldisulfid sorgt für die Knoblauchnote[19]. Wir müssen hier ein trübes Plagiat der Marinettischen Ästhetik zur Kenntnis nehmen. Er hatte andere Vorstellungen von Geschmack und Duft, in seiner Küche wäre Fleisch von Jasmin und Kartoffelbrei von Rosen veredelt worden.[20]

Der Nadelstreif –
Abschied von der
vertikalen Illusion

Der Nadelstreif ist etwas aus der Mode gekommen. Obwohl er über fast ein Jahrhundert lang der Anzug schlechthin war, tragen ihn heute in unseren Breiten höchstens noch Aristokraten oder Gewerkschafter, also Vertreter zweier ebenfalls etwas aus der Mode geratener Gruppen. Übrigens trägt der Umstand, daß ihn auch Gewerkschafter und Sozialisten tragen, dazu bei, das alte, ebenso triviale wie beliebte Klischee des Nadelstreifs als Symbol für Kapitalismus zu relativieren. Natürlich trugen ihn eher die Banker, aber mit der Ernennung zum Gewerkschaftsfunktionär entdeckte ihn auch so mancher Arbeiter. Denn er war mehr als ein Anzug fürs Busineß, er war der Ausdruck einer globalen Weltsicht, eines globalen Weltgefühles, das grundsätzlich nicht nur einer bestimmten sozialen Klasse vorbehalten war. Und genau diesem Gefühl versuchen wir auf die Spur zu kommen. Auf unserer Spurensuche werden wir uns zunächst nach England begeben, dem Mutterland der klassischen Herrenmode.

London, ein Werktag, acht Uhr morgens. Die Züge aus den Vorstädten rollen langsam in die Waterloo-Station ein. Schirme, Hüte, Regenmäntel, Financial Times, Aktenmappen, Nadelstreifanzüge. Ein mächtiger, im Rhythmus der Züge pulsierender Menschenfluß strömt aus den rußigen viktorianischen Bahnhofshallen und überschwemmt die City, versickert in den Bank- und Versicherungspalästen. Die Engländer nennen diese tägliche Überschwemmung „the drain". Ein neuer Tag in der Schlacht um die internationalen Geldmärkte bricht an. England, das schon sein Empire verloren hat, kämpft erbittert darum, nicht auch noch dieses letzte Imperium im Zuge der völligen Internationalisierung des Kapitals zu verlieren. In dieser Welt gilt der klassische Dresscode ungebrochen.

Dieser Dresscode, der den Nadelstreif vorschreibt, existiert heute vornehmlich in der britischen Oberschicht und bei jenen Angehörigen der Mittelschicht, die deren Habitus imitieren, den „sloane ranger". Der richtige Anzug hat dort zeitlos zu sein, modischen Gags steht man ohnehin höchst skeptisch gegenüber. Das Zeitgefühl orientiert sich in jenen Kreisen nicht an der Mode, sondern entweder an den Warentermingeschäften oder dem Derby in Epson oder vielleicht an der Regatta in Henley. Der Dunkelblaue mit Nadelstreifen und der Dunkelgraue mit Kreidestreifen gelten als die ultimativen Anzüge für die City.[1] Das Deutsche kennt nur den Begriff des Nadelstreifs, im Englischen unterscheidet man zwischen dem „pin stripe", dem dünnen, linienförmigen Streif, und dem „chalk stripe", dem dickeren Kreidestreif. Lassen wir es bei dieser groben Unterscheidung bewenden, Hinweise auf die zahlreichen weiteren subtilen Regeln für die Wahl des korrekten Anzugs und den richtigen Abstand zwischen den Streifen wären müßig. Was nutzt uns heute die Empfehlung, daß man sich am besten am „double breasted pin stripe", den Anthony Eden 1939 getragen hat, orientiert?[2]

London ist nach wie vor das Zentrum für glückliche Nadelstreifträger. Im Herzen des ehemaligen britischen Empires gilt die absolute Vorrangstellung dieses männlichen Kleidungsstückes als ungebrochen. Die Zeitlosigkeit des Dresscodes gilt für die Oberschicht ebenso wie für die untere Mittelschicht. An dem Ort, der den O-Meridian in Greenwich sein eigen nennt, von dem Phileas Fogg aus seinem Athenäum-Club zu seiner legendären Reise in achtzig Tagen um die Welt aufbrach und wo der Big Ben mit seinem Westminster-Schlag den Urton aller Chronometer vorgibt, darf sich jeder getrost im Nadelstreif zeigen. Nur der Fachmann kann Unterschiede zwischen dem 1500-Pfund-Anzug des Topmanagers aus der Savile Row und dem 100-Pfund-Anzug des Verkäufers von Mark's and Spencer feststellen. Neben dieser demokratischen Eigenschaft des englischen Nadelstreifs sei noch eine andere Facette aus dem britischen Alltagsleben erwähnt. Die „New Georgian", eine Gruppe exzentrischer Romantiker, inszenieren ihr Leben nach dem Stil und Habitus eines britischen Edelmannes des neunzehnten Jahrhunderts. Bei diesen Dandys handelt es sich um Restaurateure, die die Konservierung der historischen und klassischen Architektur auf ihr Banner geschrieben haben.[3] Sie sind nicht etwa blaublütigen Ursprungs, sondern stammen zumeist aus der Mittelschicht. Der New Georgian trägt zu offiziellen Anlässen, sei es bei einer Hochzeit, der Präsentation seines neuesten Buches oder bei einem Vortrag den „Official Pre War Art Historian's Suit", einen dunklen Nadelstreif mit Kreidestreifen, wie er auch von Kenneth Clark oder Anthony Blunt getragen wurde. Für alle, deren Who's Who sich gerade außer Reichweite befindet: Kenneth Clark war ein durch Fernsehserien sehr bekannter amerikanischer Kunsthistoriker, Anthony Blunt eine besonders schillernde Persönlichkeit, Cambridge-Absolvent, Direktor des Courtauld Institut, Kustos der Gemäldesammlung der Queen und deren Kunstberater. Er wurde später als kommunistischer Spion entlarvt.

Das Vertrauen in diesen Dresscode ist in England derart unumstritten, daß man dort keiner Reflexionen über das Wesen und die Gründe der Jahrzehnte währenden Faszination des Nadelstreifs bedarf. Die Erklärungen der Textilhistoriker, daß der Ursprung der Nadelstreifen bei den Linien der Kontobücher zu suchen sei, sind wenig überzeugend.[4] Es gilt zwar als historisch gesichert, daß der Nadelstreif den traditionell gestreiften Hosen der Börsenmakler entstammt, aber diese Theorie kann uns nicht zufriedenstellen. Es mag zutreffen, daß die Geschäftsleute mit ihrer Kleidung eine Botschaft verkünden wollten: „Wir sind linientreu, wir verkörpern Aufrichtigkeit, und die geraden Streifen symbolisieren unseren geraden Charakter." Aber wir glauben nicht, daß darin der wahre Ursprung des Nadelstreifs liegt. Man könnte weitergehen und die kunstgeschichtliche Theorie des „Perpendicular England", die, nebenbei erwähnt, auf den alten österreichischen Kunstgelehrten

Dagobert Frey zurückgeht, auf den Nadelstreif ausdehnen. Nach dieser Theorie gibt es in der englischen Kunst eine besonders starke Betonung der Vertikalen, die sich vor allem in den gotischen Kathedralen und in alten Fachwerkbauten ausdrückt, die aber auch noch in der Moderne nachweisbar ist.[5]

Zur weiteren Klärung des Phänomens dient uns ein Text aus dem „Esquire", der uns in das New York des Jahres 1949 führt. Er handelt von Geschäftsmännern, die selbstverständlich Männer in Nadelstreif sind. Die folgende Szene spielt im 50. Stock eines Wolkenkratzers in Manhattan: „March 1949. You see these American Men of affairs everywhere you look, including your own mirror. In the club Car on the Twentieth Century. Boarding the Clipper. Stepping out of a cab in front of a Wall Street address known around the globe. Catching the Congressional Limited. Meeting in a panelled board room fifty stories above Manhattan. Relaxing over a cocktail at the Ritz, the Recess Club, the Racquet Club, the Bel-air, the Bohemian Club and a dozen other spots where a white Martini or a dry Old Fashioned smooth business into the blend of creative venture and far-flung cooperation that American men have turned into a science and even a hobby. These Men of Affairs wear clothes of a sophisticated refinement and knowing good taste which is instantly recognizable, anywhere ..."[6]

Nadelstreif in Manhattan. Wolkenkratzer und Nadelstreifanzüge, Superzeichen des Vertikalen. Das erträumte Lebensgefühl der Amerikaner der frühen fünfziger Jahre. Im Jet-set des globalen Busineß, zwischen Wall Street und dem Kongreß. Den Cocktail im Ritz, den Martini im Club. Das imaginäre Zentrum und die Steuerzentrale der Geschäfte befinden sich im Büro, fünfzig Stockwerke hoch über Manhattan.

An dieser Stelle ist Philip Johnson einzuführen, der amerikanische Architekt, Hoch- und Vielbauer, ein Bücherschreiber und Geschäftsmann, für manche der Plünderer aller Baustile seit der Erschaffung der Pyramiden, Schüler Mies van der Rohes (später abtrünnig, weil er dem Funktionalismus abschwor), Erbauer des AT&T-Building mit seinem charakteristischen Chippendale-Giebel, des Lipsticks und eines Dutzends anderer Wolkenkratzer. Philip

Johnson ist die klassische Personalunion von Nadelstreif und Wolkenkratzer. In der Sprache des Architekten wäre er etwa folgendermaßen zu beschreiben: Die tragende Konstruktion des klassischen Nadelstreifanzugs wird durch seinen Glatzkopf mit den lebhaften, durch die Corbusier-Brille funkelnden Augen gekrönt wie sein AT&T-Building durch den Chippendale-Giebel.

Vergegenwärtigen wir uns kurz eine Szene im Leben des Meisters, der in seinem Büro im Seagram Building residiert. Das ist das einzige Hochhaus, das der göttliche Mies van der Rohe in New York errichtet hat. Johnson, der mit Mies durch eine sehr enge künstlerische Beziehung verbunden war, unterstützte ihn auch bei der Realisierung dieses Auftrags. Mies erfand bei diesem Haus die legendären H-Träger für die senkrechte Fassadenführung, die er aus Gründen der ästhetischen Perfektion und der Hommage an das Hauptprodukt des Bauherrn, der Seagram-Gruppe, in Bronze, der Farbe des Whisky, gießen ließ. Weiter nach einem Bericht von Charles Jencks: „Als ich die Tür erreicht hatte, ihm die Hand schüttelte und mich anschickte zu gehen, marschierten drei fette New Yorker herein, alle in blauen Anzügen mit exklusiven Krawatten, das pomadisierte Haar hinter die sonnengebräunten Fältchen zurückgestrichen wie Hollywood-Größen um 1947. Der Ort quoll buchstäblich von Signalen über, von Statussymbolen, Hackordnung, Klassenmerkmalen. Johnson lenkte die Aufmerksamkeit auf sein feines Hemd, indem er die Manschetten aus den Ärmeln des vornehm zurückhaltenden Nadelstreifenanzugs zupfte, und strahlte so viel lässiges Selbstbewußtsein aus, daß man ihm bedenkenlos seinen Notgroschen anvertraut hätte. Die Superreichen finden das alles unwiderstehlich. Kulturzentren, Museen, das Viereinhalbmillionen-Dollar-Restaurant „Four Seasons", Wohnhäuser für die Rockefellers und Fords, das Denkmal für J. F. Kennedy in Dallas, der New Yorker Pavillon für die Weltausstellung: Alle seine Aufträge sind Prestigebauten in monumentalem Stil.[7] Auf die Frage von Journalisten: „Manhattan ist derartig zugebaut, wie können sie da überhaupt noch einen Platz finden?", pflegte der alte Superstar der Vertikalität zu antworten: „Ganz oben ist immer Platz!"[8]

In dieser Topologie kommt das eigentliche Wesen des Vertikalen zum Vorschein, nämlich der abstrakte männliche Körper. Vertikalität heißt In-die-Höhe-Ragen, sie ist das Symbol für Halten, Setzen und Stehen aus eigener Kraft. Vertikalität bedeutet Wille, Selbstverwirklichung und Heroismus. Die ersten Zeugen dieser Vertikalität des Körpers waren die griechischen Heldenstatuen. Ihre schlichte Nacktheit galt als der sichtbare Ausdruck heldischer Tugenden. Diese Skulpturen bilden das ästhetische Grundmodell für den Nadelstreif. Vertikalität und das Streben nach dem Höheren ließen sich noch durch die einfache körperliche Gestik der Erhabenheit und Grazie darstellen. Dieses simple Urbild ungeschmückter männlicher Perfektion wurde in den Zeiten des Neoklassizismus wiederentdeckt. Zunächst betonte die Mode in extremer Weise die Figur, in der Absicht und dem Glauben, damit den angeborenen Heroismus des Mannes zu unterstreichen.[9] Aber die schmerbäuchigen, krummbeinigen und schiefen Figuren mancher Gentlemen vermittelten eher den gegenteiligen Eindruck von Heroismus. Nun schlug die Stunde des englischen Schneiders. Firmen wie die legendäre Henry Poole & Co waren im Grunde nichts anderes als die Nachfahren der griechischen Bildhauerschulen. Sie waren Skulpteure des Kammgarns, Plastiker des Tweeds und Steinmetze des Hirschhornknopfes, sie schufen gewissermaßen die abstrakte Form des Heldenkörpers, nämlich den perfekten Anzug, der die Schwächen des Körpers verbarg und den Schwerpunkt auf die klassischen Proportionen legte. Die Verbreiterung der Brust und die Polsterung der Schultern waren die Akzente des Heroismus. Kurzum, der moderne Anzug war die Abstraktion des klassischen Helden in Schurwolle.

Was sich hier als die Zivilisierung des Geschäftsmannes offenbart, ist in Wirklichkeit viel mehr. Es ist der Wille zum Vertikalen, zum Ragen, zur Selbstaufrichtung des Ichs – das männliche Prinzip mit seiner Obsession des Vertikalen. Schon Platon beschreibt dieses existentielle Hochgefühl, das Herauskämpfen aus dem Dunkel des Leibes in die Höhen der Ideen. Der Nadelstreif ist die ultimative offizielle Geste, der textilgewordene Ausdruck des kulturellen Unbewußten, das gut hundert Jahre lang die männliche Ästhetik der Mode prägte.

Gregor von Rezzori beschreibt, wie er sich an einem Pariser Morgen für das Schreiben eines gegenwartsnahen Buches in Form zu bringen versucht: „Es muß mit souveräner Gelassenheit geschehen, mit ironischer Distanz, luzider Einsicht, die dunkle Leidenschaftlichkeit des Hungerkünstlers ist antiquiert, große Literatur ist heute die Angelegenheit von Weltleuten, Gajas (Rezzoris damalige kreolische Freundin, Anm. d. A.) sublimer Kunstsinn, ihr Kenner-Fingerspitzengefühl, die Klarheit ihres französischen Geistes fordern mich zur Höchstleistung heraus, ihr exotisches Äußeres steht dazu in höchst pikantem Widerspruch, ich kleide mich also kontrapunktisch, wähle die attire des Major Thompson: dunkelgrauer Flanell-Doppelreiher mit diskretem Kreidestreif, knallharter Horse-Guard-Krawattensitz, federleichter (britisch auf den Augenbrauen balancierter) Hut von Lock, Kornblume im Knopfloch, nadelscharf gerollter Regenschirm (das Rumpelstilzchen im Dandy: Oh wie gut, daß mir niemand ansieht, daß ich die Leserkarte der Bibliothèque Nationale am Busen trage)."[10] Bei köstlichem Wetter, das taubenblaue Paris hat zitronengelbe Glanzlichter aufgesetzt, schlendert der Flaneur über die Avenue Foch bis zum Bois de Boulogne, zurück bis zum Etoile und ein stückweit die Champs-Elysées hinunter, liest bei Fouquet zu einem Aperitif die Zeitung, zugleich aber ständig das unvollendete, große Projekt des Romans im Kopf ...

Nun ist diese heroische Geste des Ragens ins Zwielicht geraten. Die kühnen männlichen Konzepte genießen nicht mehr unbestrittenes Prestige, der Glamour des Nadelstreifs beginnt zu verblassen. Die Vermutung, daß sich hinter dem Nadelstreif ein heroisches Wesen verbirgt, gilt nicht mehr. Eine düstere Erzählung von Patrick Mc Grath[11] spielt in einem Männerheim in der Bowery, einem alten abgewohnten Viertel in Manhattan, sie handelt von einer Begegnung mit einem sehr merkwürdigen, geheimnisvollen alten Menschen, einem gewissen Harry Talbot: „eine hochgewachsene, magere Gestalt in einem blauen Nadelstreifenanzug, dessen Schmierigkeit, abgestoßene Ärmelaufschläge, Brandlöcher und verblaßter, rötlicher Weinfleck auf dem Latz die Qualität des Materials und die Eleganz des Schnitts nicht völlig verbergen konnten.

Sehr gerade, sehr groß, sehr langsam, auf dem Kopf einen Panamahut; und das Gesicht ein wahrer Atlas menschlicher Erfahrungen, die Nase ein großer, krummer Haken, vorspringend wie ein Schiffsbug, und der Mund – nun ja, der Mund wirkte etwas abgetakelt, dafür belebte der alte Herr ihn mit Lippenstift. Er muß mindestens achtzig gewesen sein. Der Kragen seines Hemdes war nicht sauber, und er trug eine Seidenkravatte in irgendeinem Pastellton – blaßlila oder mauve, meine ich, und in seinem Knopfloch eine frische weiße Lilie." Harry Talbot entpuppt sich zum Schluß der Story in einem äußerst morbiden Striptease als Engel. Aber nicht als ein Engel mit Lichtgestalt: „Harrys Fleisch war von den unteren Rippen und dem Bauch weggefault, und die klumpige Haut, die noch an den Hüftknochen und den Rippen hing, die das Loch eingrenzten, befand sich in einem Zustand gallertartiger Verwesung. In dem Loch sah ich das schwache Glänzen seines Rückgrats, und inmitten einer verworrenen Masse von Schläuchen die Umrisse schattenhafter Organe. Ich sah Verwachsungslinien an seinen Eingeweiden, und ordentliche, saubere Stiche, und ein Bündel verfärbter plastischer Organe, umwickelt von dünnen Streifen aus durchsichtigem Plastik." Er war ein Engel, der nicht sterben konnte, weil das ewige Leben in ihm brannte, auch wenn der Körper schon verfault war und rund um die innere Flamme zerbröckelte.

Dieses schwarze Porträt eines Engels im blauen, abgetragenen Nadelstreif markiert das Ende seines Glamours, das Symbol eines männlichen Projektes hat endgültig abgewirtschaftet. Statt dessen, und das kommt nicht überraschend, wird er auf das Konto der weiblichen Modewelt überwiesen. Madonna trug schon vor Jahren Nadelstreifensakkos zum Korsett und bereitete damit den Paradigmenwechsel vor. Die Frauen finden Gefallen daran, in die Hüllen des alten männlichen Projektes zu schlüpfen, für sie wird der Nadelstreif zur Tarnkappe des Uterus.

Der „Oxford-Brogue" –
Das okzidentale Schuhwerk oder
Hermes' keltische Flügel

Wenn ein Schuh wie der Oxford Brogue seit Jahrzehnten weltweite Verbreitung findet, dann müssen wohl Tiefenströme der westlichen Zivilisation am Werk sein. Sie reichen zurück in die Frühzeit der okzidentalen Kultur, die Welt der alten Griechen, wo Merkur die Mythen für das Wesen des Schuhs gesponnen hat, bis sie schließlich im England des vergangenen Jahrhunderts zur Reife und vorläufigen Vollendung gelangten. Von dort aus nahm dieser Klassiker des britischen Schuhs seinen kometenhaften Aufstieg, der ihn trotz seiner Anonymität zu einem der Kultobjekte der modernen Zivilisation werden ließ.

Daher ist es angemessen, einen britischen Gentleman, den Duke of Bedford, zu Wort kommen zu lassen, um dieses Kapitel einzuleiten. Wer Vorbehalte gegen die Aristokratie hat, den möge es besänftigen, daß Bedford sich als erster englischer Adeliger öffentlich gegen die Fuchsjagd aussprach, was damals in den gehobenen Kreisen einem blasphemischen Akt gleichkam. Der Duke war ein Meister des aristokratischen Minimalismus. Hätten Sie ihn in seinem Club nach seinem Beruf gefragt, er hätte geantwortet: „I live in the country und do a little bit of farming" – will meinen, er betreibt dort ein riesiges Landgut. In den sechziger Jahren schrieb er ein kleines Büchlein, „The book of snobs", wohl in Anlehnung an Thackerays gleichnamiges Werk aus dem vorigen Jahrhundert. Dieses Buch ist als ironischer Ratgeber für die Adepten der britischen „Snobocracy" gedacht und gibt nebenbei einen vorzüglichen Einblick in die Soziologie der aristokratischen Symbole. In Fragen des Geschmacks der Oberschicht ist er daher hochkompetent. In der Frage nach dem Schuhwerk gilt ihm jedoch ein Oberkellner als die ultimative Autorität. Ihm können Angeber nichts vormachen, blickt er ihnen doch nicht ins Angesicht, sondern auf die Schuhe und weiß sofort, mit wem er es zu tun hat: „A real Gentleman wears only first class shoes." Der Duke rät deshalb: „Go to a first class shoemaker and have a few pairs of very expensive shoes, made by measure."[1]. Der Duke ergeht sich nicht in Details, aber das ist ohnehin die Aufgabe des Schuhmachers, der Duke spricht nur ein Dogma aus.

Die lapidare Botschaft hat für die Aspiranten des Snobismus ein Höchstmaß an suggestiver Wirkung. Georges Perec hat in seinem Roman „Les·choses" die kleinbürgerlichen Aspiranten des Snobismus im Paris der sechziger Jahre großartig geschildert. Doch die so einfach anmutenden Regeln des Duke of Bedford konnten ambitionierten französischen Snobs, die zu jener Zeit selbstverständlich anglophil sein mußten, erhebliche Probleme bereiten. Denn bei ihnen handelte es sich nicht um Mitglieder der Oberschicht, sondern um junge Menschen kleinbürgerlicher Herkunft, Studienabbrecher, die, ausgestattet mit einigen Brocken Soziologie, Psychologie und Statistik, mit Marktanalysen für die Werbung ihr Geld verdienten. Auch ihre Freunde kamen aus der Werbung. Es handelte sich um einen für diese Zeit neuen sozialen Typus, zumeist junge Führungskräfte[2], „die noch nicht alle Zähne bekommen hatten, Technokraten auf halbem Weg zum Erfolg". Sie kamen fast alle aus dem Kleinbürgertum und waren seiner Werte überdrüssig, aber sie kannten noch nicht den Code des Großbürgertums, wenn sie auch ständig davon träumten: „Sie schauten voller Verzweiflung, voller Neid nach dem selbstverständlichen Komfort, der Vollkommenheit des Großbürgertums."[3] Sie hatten keine Vergangenheit, keine Tradition. ... Sie wären gerne reich gewesen. Sie glaubten, sie hätten es verstanden zu sein. Sie hätten zu schauen, zu lächeln, sich zu kleiden gewußt wie reiche Leute. Sie hätten den notwendigen Takt, die notwendige Diskretion besessen. Sie hätten ihren Reichtum vergessen, hätten es verstanden, ihn nicht zu zeigen. Sie hätten sich seiner nicht gerühmt. Ihr Vergnügen wäre stark gewesen. Es hätte ihnen Spaß gemacht herumzulaufen, zu flanieren, zu wählen, zu begutachten ..."[4]

Aber ihnen fehlt das Entscheidende: Sie werden nicht mit der lapidaren Selbstverständlichkeit des Duke in die verborgenen Geheimnisse der Lebensart eingeführt, sondern ihre Initiation ist mühsamer, ist eher Spurensuche, eher ein System des Experimentierens, eher ein Phantasieren, das anzeigt, daß die Dinge sich noch nicht im rechten Lot befinden.

Daher beschreibt Perec ihre ersten Ausbrüche aus der Studentenwelt, ihre Streifzüge durch die Luxusläden, die bald ihr Gelobtes Land werden sollten. Zunächst ist ihr Geschmack noch uneindeutig, ihre Skrupel hängen zu sehr an Kleinigkeiten. Mangelnde Erfahrung und ein etwas borniertes Respekt vor dem, was sie für die Normen des wirklich guten Geschmacks halten, führen zu einigen falschen Entscheidungen und kleinen Peinlichkeiten. Das Vorbild, nach dem sich Jerome und seine Freunde in Bekleidungsfragen richten, scheint weniger der englische Gentleman zu sein, sondern eher dessen kontinentale Karikatur, etwa ein neu Eingewanderter mit bescheidenem Einkommen. So passiert Jerome beim Kauf seiner ersten englischen Schuhe folgendes Mißgeschick: „Und an dem gleichen Tag, an dem er sie erworben hatte, achtete er darauf, nachdem er sie lange mit einem Wollappen und Schuhcreme von bester Qualität in kleinen, vorsichtigen, konzentrischen Bewegungen eingerieben hatte, sie der Sonne auszusetzen, in der sie angeblich in kürzester Zeit eine sensationelle Patina bekommen. Leider war es, und so geht es eben nur dem finanzschwachen Jungsnob, neben einem Paar Mokassins mit starkem Schaft und Kreppsohlen, sein einziges Paar Schuhe und es kam wie es kommen mußte: er überstrapazierte sie und richtete sie in etwas weniger als sieben Monaten zugrunde."[5]

Doch das tat der Sache keinen Abbruch, sie waren lernfähig. Und nachdem sie sich entzückt in die englische Mode gestürzt hatten, entdeckten sie „die Wollsachen, die Hemden von Doucet, die Segeltuchkrawatten, die Seidentücher, den Tweed, das Lambswool, den Cashmere, die Vikunja, das Leder und das Jersey, das Leinen, die meisterliche Hierarchie der Schuhe schließlich, die von den Churchs nach Weston, von Weston nach Bunting, von Bunting nach Lobb führt"[6]. Soviel ist klar, die Initiation ins ästhetische Reich der Oberschicht führt über diese Objekte und gipfelt in den legendenumwobenen Produkten der Werkstätte von Lobbs. Daher heißt es auch im Handbuch des Sloane Rangers über Schuhe: „The ideal is a classic from Lobb, ca. 1965, resoled and patinated over the wrinkles."[7] Wie aber kommt es, daß die Orthopädie des Abendlandes just im Oxford Schuh von Lobbs gipfelt? Wieso erlangt das englische Schuhwerk einen derart kultischen Status? Bevor wir diese Fragen beantworten, einige grundsätzliche Überlegungen.

Die Griechen kultivierten als erste den Schuh als das verbindende, aber auch trennende Element zwischen Erde und Mensch. Platon thematisierte erstmals in aller Deutlichkeit die Bemühungen des Menschen, sich über die Erde zu erheben. Der Zweck des Schuhs ist es, nicht mehr die Erde spüren zu müssen und eine körperlich spürbare Trennlinie gegen sie zu ziehen. Die griechischen Philosophen, allen voran Platon, dachten, daß der Mensch als einziges Lebewesen von den Göttern die Fähigkeit erhalten hatte, aufrecht zu gehen, damit er die Augen auf die Gestirne richten kann, um über das Wesen des Kosmos und die ewig waltende Macht des Göttlichen nachzusinnen. Was sie aber nicht bedachten, war, daß diese Art des freien, aufrechten Gangs erst mit der Einführung der Schuhe möglich wurde.

Es besteht also, so überraschend es zunächst klingen mag, ein Zusammenhang zwischen der Art des Denkens und Fühlens, dem Bewußtsein überhaupt, und der Weise des Gehens. Die Fortbewegung der Eingeborenen etwa ist tendenziell ein Schleichen in gebeugter Haltung. Beim Abrollen der Fußsohle von der Ferse über den Ballen bis zur Spitze des großes Zehs setzt er seine Füße nicht nach außen gerichtet, sondern in der geraden Gehlinie auf. Das ist in den Augen unserer Zivilisation eine höchst unkultivierte Körperhaltung. Sie widerspricht unserem Körperbild, das sich vom klassischen griechischen Bild des Helden ableitet. Denn die unkultivierte Körperlinie hat unschöne Winkel in Knie, Ellbogen und Hüfte, Oberkörper und Kopf sind nach vorne gebeugt. Der Blick ist auf den Boden gerichtet. So entsteht das Bild eines verschlagenen, unehrlichen, unterwürfigen und mutlosen Menschen.[8] Der Eingeborene geht zwar aufrecht, aber er ist noch fest mit dem Boden verwurzelt, beobachtet ihn während des Gehens ständig und sucht ihn nach Dornen, spitzen Steinen und giftigen Tieren ab. Der Blick kann nicht kühn in die Ferne schweifen. Die Beziehung zum Boden dominiert noch im Vergleich zur Himmelssucht unserer Zivilisation. Heute ist es allerdings auch den Erben dieser Völker vorbehalten, von der Barfüßigkeit direkt auf englische Schuhe umzusteigen.

Der Prototyp des klassischen englischen Schuhs ist der Oxford Brogue. Dieser Schuh kam erstmals im 18. Jahrhundert in der Universität von Oxford auf und hatte bereits alle wesentlichen Merkmale des heutigen Oxfords, er war unter der Ferse ausgeschnitten und wurde frontal über dem Vorschuh geschnürt. Als unter Queen Viktoria die „shooting holydays" in Schottland populär wurden, schlug die Stunde des Oxford Brogue. Brogue kommt vom gälischen „brog", das heißt Schuh und war die Fußbekleidung in den schottischen Highlands. Er wurde aus gegerbter Kuhhaut hergestellt, die mit Talg eingelassen war. Der Brog hatte kleine Löcher, damit das eingedrungene Wasser des Moores wieder austreten konnte.[9] Daraus entstand das klassische Muster des gelochten und gezackten Leders.

Für den Architekten und Puristen Adolf Loos zählten diese Ornamente zu den wenigen, die er am eigenen Körper ertrug. Obwohl er die Herkunft der Löcher nicht kannte, spürte er ihre symbolische Kraft und war bereit, für sie eine Ausnahme in seinem Dogma der Ornamentlosigkeit zu dulden. „Meine Schuhe sind über und über mit Ornamenten bedeckt, die von den Zacken und Löchern herrühren. Arbeit, die der Schuster geleistet hat, die ihm nicht bezahlt wurde." Dennoch hat das Ganze seine höhere Ordnung. Loos meinte, wenn er dem Schuster zehn Kronen mehr gäbe und ein völlig glattes Schuhwerk dafür verlangte, so würde er ihm die Freude an der Arbeit nehmen. Loos' Lehre daraus: „Ich ertrage Ornamente am eigenen Körper, wenn sie die Freude meiner Mitmenschen ausmachen. Sie sind dann auch meine Freude."[10] Der wahre Handwerker liebt seine althergebrachte Arbeit, er arbeitet aus Standesehre nicht um des Profits willen, sondern zur Selbstverwirklichung und im Dienste des Gemeinwesens. Die Herstellung des Schuhs ist ein Ritual mit genauen althergebrachten Regeln.

Der schottische Brogue, also der Prototyp des Schuhs, ist trotz seiner festen Form ein ziviler Schuh, der den Stiefel und die damit verbundene derbe und militärische Gangart weitgehend ablöst. Der Stiefel, der seit Napoleon wieder die europäische Mode prägt, und das Bein bis zum Knie verpackt, ist das Schuhwerk der Soldaten und Eroberer. Er verstärkt den Fuß, der dadurch zwar überall gefahrlos hintreten kann, aber er macht ihn auch unbeweglich und starr. Der neue Halbschuh, der Brogue, hingegen gibt dem Knöchel Bewegungsfreiheit und ermöglicht damit ein Gehen, das die Bewegung des Fußgelenkes zuläßt. Zugleich aber gibt er dem Fuß ein Gefühl des Geschützten und Gestrafften. Die feste Sohle gewährleistet die Standfestigkeit und die Sicherheit auf den Beinen. Sie ermöglicht eine aufrechte Haltung als fundamentales Kennzeichen westlicher Identität, die zugleich die Voraussetzung für die körperliche Straffung, Spannung und Distanzierung ermöglicht.

In der städtischen Zivilisation Englands werden die Stiefel des Gentlemans obsolet, da sie Zeichen eines zügellosen Lebensstils sind, der auf Triebentladung durch wilden Reitsport oder militärische Übungen ausgerichtet ist. Der ordentliche Bürger geht jedoch im Sinne des puritanischen Ethos seinen Geschäften nach, die in der sterilen Sphäre von Banken und Börsen, Versicherungen und Maklern getätigt werden. Hier wären selbst kleinste Zeichen des Animalischen und Körperlichen verpönt, wo doch alles im Bann der reinen wirtschaftlichen Mathematik steht. Schuhe müssen diesen unbewußten, doch tief verankerten Regeln entsprechen. Was soll er denn mit den Stiefeln der Soldaten oder Sportsmänner, in denen er nur marschieren oder reiten kann? Seine räumlichen Vorstellungen liegen jenseits dieser altmodischen Weisen des Raumgewinns. Der Kolonialismus und die wachsende Internationalisierung der Wirtschaft erfordern neue Strategien zur Kontrolle der Waren- und Geldströme. Dieses Denken verlangt Schuhe, die leicht und bequem, doch ausreichend fest sind.

Der Oxford Brogue ist ein symbolisches Produkt der ersten industriellen Revolution, die ihren Ursprung in England hat. Die Verbindung von Handel, Verkehr und Schuh ist jedoch uralt. Um also den globalen mythologischen Zusammenhang zwischen englischen Schuhen, Geschwindigkeit und Geschäft besser zu verstehen, wenden wir uns Hermes zu, der aufgrund seiner vielfältigen Talente, seiner Wendigkeit und Gerissenheit zum Götterboten befördert wurde. Seine Insignien sind der Heroldsstab mit den weißen Bändern, der runde Hut gegen den Regen und die berühmten goldenen, geflügelten Sandalen, die ihm die Schnelligkeit des Windes verleihen. Hermes, vom Typus zunächst schwer erziehbarer Jugendlicher, uneheliches Kind des Zeus, reißt daheim aus, stiehlt darauf Apolls Herde edler Kühe, wird bald ertappt, rettet sich durch sein musikalisches Talent vor Apolls Rache und avanciert bald zum Privatsekretär des Zeus und zum Handelsminister des Olymps. Wir verdanken also Hermes die Verbindung der Phänomene des Handels und der Schuhe. Noch heute nennen die Amerikaner die „Full Brogues" aufgrund der Flügelklappen, die an die ausgebreiteten Flügel eines Vogels erinnern, „Wing Tips"[11]. Denn im Brogue sind noch die geflügelten Sandalen des Hermes enthalten.

Möglicherweise beruht diese Verzierung auch auf den gälischen Wurzeln des Brogues; die Kelten hatten nämlich eine Vorliebe für die Symbole des Pferdes und des Vogels. Das entsprach ihrer Mobilität, die sie zu großen Wanderungen und innerhalb kurzer Zeit zur Verbreitung über fast ganz Europa trieb. Vielleicht hat sich dieses Vogelmotiv im kulturellen Unterbewußtsein der Kelten erhalten und auf diesem Weg die Gestaltung ihres Schuhwerks beeinflußt. Vielleicht handelt es sich auch nur um einen allgemeinen Archetyp der Bewegung, der von den Kelten ebenso wie von den Griechen verwendet wurde.

An der Figur des Hermes als Kaufmann und Händler, dessen historische Initialhandlung im Diebstahl der himmlischen Kühe des

Apolls bestand, wird klar, daß sie neben Schnelligkeit und Beweglichkeit auch eine Tendenz zur Gerissenheit aufweist. Insofern ist der Schuh als Symbol der Mobilität auch mit einem Aspekt der Täuschung verknüpft. Das Geschäft des Kaufmanns beruht auf dem Tausch von Gütern. Aber schon in der Wurzel des Wortes Tausch steckt auch die Täuschung. Tausch hat also auch immer mit Täuschung zu tun. Im Fall des Hermes signalisierte der Schuh auch die Wendigkeit des Kaufmanns, der nicht immer dem geradesten Pfad folgt.

Aber gerade diesen Eindruck möchte der Geschäftsmann im England des 19. Jahrhunderts vermeiden. Er wählt einen Schuh, der festen Stand und Aufrichtigkeit, also durchaus Charakterzüge der Rechtschaffenheit anzeigt. Dazu scheint dieser Halbschuh mit seiner alten bäuerlichen Herkunft ideal geeignet. In der gälischen Landschaft bewährte er sich jahrhundertelang bei der Jagd der Aristokratie. Diese Kombination aus blauem Blut und brauner Erde machte ihn schließlich auch beim Bürger salonfähig. Die Löcher des „Brogue" erinnern noch diskret an die schottische Landschaft der Moore. Mit den imaginären Spuren des Moorwassers ist gutes Auftreten in den Bank- und Versicherungspalästen garantiert. Und Hermes' anrüchiges Image ist bestens verschleiert. Dieses Rezept erwies sich als derart überzeugend, daß der Oxford Brogue zum Prototyp des Schuhs der Moderne wird und heute noch der Bestseller unter den Schuhen ist.

Der Oxford ist nach seiner Herkunft ein bäuerlicher Schuh. Daher trifft auf ihn zu, was Heidegger über den Schuh schreibt: „In dem Schuhwerk schwingt der verschwiegene Zuruf der Erde, ihr stilles Verschenken des reifenden Korns und ihr unerklärliches Sichversagen in der öden Brache des winterlichen Feldes. ... Zur Erde gehört dieses Zeug und in der Welt der Bäuerin ist es behütet."[12] Aus der dunklen Öffnung des ausgetretenen Schuhwerks starrt die Mühsal der Arbeitsschritte, der langsame Gang über die weiten Äcker, das Treten zwischen die Furchen, das Feuchte und Satte des Bodens, die einsame Hütte, das klaglose Bangen um die Sicherheit des Brotes, die wortlose Freude, wenn die Not überstanden ist. Die gälische Basis des Brogues ist zweifellos die gleiche. Es ist die Welt des Bodens und der Erde, es ist mehr das Unten, mehr die schwere Müdigkeit des Abends oder schon wieder die dunkle Morgendämmerung, die hier versammelt ist. Aber der Oxford ist eben nicht nur Symbol der Erde, das allein hätte ihn keine Karriere über zweihundert Jahre machen lassen, sondern er pflegt auch eine Korrespondenz mit dem Oben.

Andy Warhol, der als Werbeillustrator für Schuhmoden begann und Schaufenster dekorierte, stellte in seiner Arbeit „Diamond Dust Shoes" die Objekte seiner früheren Arbeitswelt, nämlich Pumps und Slipper, vor.[13] Die Phantastik des Bildes beruht auf der merkwürdigen Neonillusion des zugrundeliegenden Negativs und auf der darübergelegten Farbe, die Oberfläche des Objekts ist mit glitzerndem Goldstaub versiegelt, der aber in der Reproduktion nicht ganz einfach erkennbar ist. Aber der Name sagt es ohnehin schon. Diese Schuhe, die vertikal schwebend mit der Spitze nach oben dargestellt sind, tragen keine reale Farbe, aber durch die Simulation des Diamantenfeuers durch Goldstaubglanz sind sie keine Schuhe der Erde und des Unten, sondern Schuhe des Himmels, des Oben, des Lichtes.

Der fundamentale Unterschied zwischen Himmel und Erde, verkörpert in Van Goghs zerknitterten und abgetragenen Bauernschuhen und den phantastischen, heiteren Diamond Dust Shoes des Andy Warhol, wird im Oxford Brogue vereinigt und aufgehoben. Den erdigen Charakter bezieht der Oxford Brogue aus seiner bäuerlichen Herkunft, die die Feuchte der schottischen Highlands atmet, der himmlische Part seines Wesens erstrahlt im Glanz seines spiegelnden Leders. Jetzt erst verstehen wir den Sinn der Mahnung, daß der Oxford „highly polished" zu sein habe und daß man die Schuhcreme in den Löchern des Brogue nicht als Verschwendung begreifen solle.[14] Hier geht es um mehr als um Fragen der Reinigung, nämlich um die Realisierung des Glanzes als metaphysische Handlung. Das Putzen der Schuhe ist nach dieser Einsicht kein triviales Sauberkeitsritual mehr, sondern ein Kult, der die Verbindung nach Oben herstellt.

Die Ray Ban –
Eine Sonnenbrille unter
Nihilismusverdacht

Easy Rider, der Kultfilm der sechziger Jahre, der die Geschichte vom grenzenlosen Freiheitsdrang der amerikanischen Biker erzählt, ließ nicht nur Peter Fonda und Dennis Hopper in die Kategorie der Superstars aufsteigen, sondern verschaffte auch dem Modell „Outdoorsman" von Ray Ban den Öffentlichkeitserfolg, der die Voraussetzung für den kommerziellen Massendurchbruch schuf. Hier wurde erstmals vor einem Millionenpublikum das ideologische Programm der Freiheit an der Eroberung des Straßenraums durch Motorräder der Marke Harley Davidson festgemacht. Der Film schuf die Verbindung von Geschwindigkeit, Motorrad und Sonnenbrille. Wer seine Freiheit durch die Eroberung der Landstraße und durch das Aufschwingen zum Herrn des Raumes zu verwirklichen trachtet, orientiert sich an mächtigen Vorbildern. Eines dieser großen Idole ist der amerikanische Air-Force-Pilot, der durch seine Herrschaft über den Luftraum die geostrategische Vormachtstellung Amerikas begründete und damit zum Helden der Nation gekürt wurde.

Das verbindende Glied zwischen den Motorradfahrern aus Easy Rider und den amerikanischen Piloten ist ein einfaches, aber symbolisch aufgeladenes Objekt: die Ray-Ban-Sonnenbrille. Sie hat in der Mythologie des Fliegens, das ja immer zugleich ein Projekt der Raumeroberung darstellt, einen festen Platz. Denn sie steht für die übermenschliche Anstrengung des Piloten, für eine Art des Sehens, die dem Menschen in dieser Intensität weder von Natur aus gegeben ist noch erstrebenswert schien. Sie symbolisiert auch den heroischen Akt des Piloten, der kein Risiko scheut und sein Leben bedingungslos aufs Spiel setzt.

Der Pilot macht sich die Sonnengötter zum Freund und schützt die Augen gegen das Unerträgliche ihres Lichtes. Denn Fliegen erfordert die Fähigkeit, das Licht und den Glanz der Sonne zu ertragen, dann erst wird ein Sich-Spiegeln in ihrem strahlenden Licht erträglich. Jeder Flug ist gleichsam die Wiederholung des Ikarus-Dramas, nämlich der Wunsch, die Sonne als erster zu sehen, ihr entgegenzueilen, solange die anderen noch schlafen und die Erde noch im Dunkel liegt:

„Luftwaffen- und Marineflugplätze wurden gewöhnlich auf unfruchtbaren oder wenig zur Bebauung geeigneten Landstrichen angelegt und machten auf einen normalen Menschen im kalten Licht der Morgendämmerung einen besonders öden und abschreckenden Eindruck. Für einen jungen Piloten aber bedeutet es ein unaussprechliches Glücksgefühl, zur Startbahn zu kommen, während die Sonne gerade über den Horizont zu klimmen begann, so daß der ganze Platz noch im Schatten lag, der Höhenrücken in der Ferne einer Silhouette und die Abflugschneise ein einfarbig abgasflammenblaues Band bildete und jedes kleine rote Licht an der Spitze von Wassertürmen und Kraftstationen trüb, gedämpft und zusammengeschrumpft wirkte. Denn er war vollgepumpt mit Adrenalin, aufgedreht, begierig, vor Tagesanbruch zu starten, in das Sonnenlicht über dem Höhenrücken emporzuschießen, ehe noch all die Tausende schlaftrunkener Seelen dort unten wieder zu sich kamen."[1]

Es war daher keineswegs ein Zufall, daß in den dreißiger Jahren das Army Air Corps das Optikunternehmen Bausch & Lomb mit der Herstellung hochwirksamer Sonnengläser beauftragte[2], um die Piloten gegen das grelle Höhenlicht schützen. Die Sonnenbrille wird zum Zeichen für die grenzenlose Herrschaft über den Raum, für technisches Konquistadorentum. Es war die Zeit, als Howard Hughes mit seiner Lockhead Cyclone zum ersten transkontinentalen Nonstopflug um die Welt aufbrach. Hughes stellte mit seinem Flug einen für die damalige Zeit phantastischen Rekord auf und landete seine Maschine nach ihrer Reise um die Welt am 14. Juli

1938 wieder auf dem Floyd-Bennet-Field-Flughafen auf, von dem er vier Tage zuvor aufgebrochen war. Das Flugzeug rollte in den Hangar, zurück zu genau dem Punkt, wo es vor der Reise gestanden war.³

Welche Motive mögen Howard Hughes, den Besitzer eines riesigen Vermögens und eines beachtlichen technologischen und industriellen Werks, zu dieser außergewöhnlichen Leistung veranlaßt haben? Zunächst hatte er sich noch mit medialer Zurschaustellung seiner Rekorde und mit der Überschwemmung der westlichen Presse mit Mitteilungen begnügt. Aber das war nicht genug, denn sein Ziel lag jenseits des Geldes und bestand im Wunsch nach absoluter Macht. Macht nicht nur über Menschen, sondern auch über Zeit und Raum. Er trug keine Uhr, da er sich Herr über die Zeit nannte, aber er legte noch mehr Wert darauf, nirgends zu wohnen und mit keinem Raum identifiziert werden zu können.⁴

Er wollte niemand sein, und um das zu sein, mußte er überall und nirgends zugleich sein. Also hielt er sich an ständig wechselnden Orten auf, aber immer in völlig gleich aussehenden Kammern, über die ganze Welt verstreut. Die Fenster waren verdunkelt, und ein Projektor befand sich am Kopfende des Bettes, wo er immer dieselben Filme sah und die gleichen Mahlzeiten einnahm. Er ertrug das Sonnenlicht nicht mehr, er ertrug es nicht mehr, von anderen gesehen zu werden, und geriet schließlich in einen Zustand, in dem er zwischen Leben und Tod dahindämmerte. Hughes versuchte, sich mit seinen zahlreichen Flugzeugen, die stets auf den verschiedensten Flugplätzen der Welt auf ihn warteten und später vor sich hin rosteten, den Wunsch nach Allgegenwärtigkeit zu erfüllen. Seine identischen Hotelkammern erzeugten in ihm das trügerische Gefühl, Herr über Zeit und Raum zu sein, sich also einer Existenz anzunähern, in der Bewegung und Ruhe in einen Punkt zusammenfallen.

Zwei Jahre früher verfaßt ein gewisser Günther Stern, ein Schüler Heideggers, der später unter dem Namen Günther Anders bekannt werden sollte, einen Essay über den nihilistischen Menschen, „Pathologie de la liberté". Darin beschreibt er den Schock des Nihilisten, der sein Dasein als Begrenztheit des Raumes und der Zeit erfährt, das Faktum, daß er hier und jetzt existiert und nicht früher oder woanders. „Der am Raum Erkrankte möchte die Kontingenz des Ortes, an dem er sich gerade befindet, aufheben. Er möchte überall zugleich sein, er möchte sich mit einem Schlag der Totalität bemächtigen. Aber der Wunsch zu besitzen ist nur eine Spezifizierung eines grundlegenden Machtdurstes: des Wunsches, die Welt mit sich selber deckungsgleich zu machen, genauer, die Welt zu zwingen, Ich zu werden. Daß sie allerhöchstens mein werden kann, statt Ich zu werden, ist für den Machtdurst bereits der erste Skandal und der erste Kompromiß.[5]

Der Typus des Nihilisten ist der Eroberer, der Konquistador. Erobern wird ihm zur puren Lust der Herrschaft über Raum und Zeit, es ist die Waffe gegen das Erlebnis der Beschränkung.[6] In unserem Falle liegt mit Howard Hughes ein perfektes Beispiel vor. Er, der Eroberer des Luftraumes, der Herr über Raum und Zeit brachte die Motivationsstruktur des Fliegers wie kein anderer vor oder nach ihm zum Ausdruck. Damit wird er zum vollkommenen Modell des Piloten der US-Luftwaffe, der ja selbst mit jedem Flug das Phantasma der Raumeroberung durchspielt. Mit jedem Start wird das Schauspiel des technischen Konquistadoren erneuert, um die Position jenes Blicks von „oben" zu erlangen, von dem wir alle träumen, den Blick des Kondors, den Blick aus der exklusivsten Perspektive der Welt, der ein unvergleichliches Erhabenheitsgefühl auszulösen vermag.

„Von hier oben schaute der Pilot in die Morgendämmerung auf das arme hoffnungslose Las Vegas oder Yuma herab und begann sich zu fragen: Wie können alle die da unten, diese armen Seelen, die in Kürze aufwachen und sich mühselig aus ihren winzigen Rechtecken schleppen und Stückchen für Stückchen über ihre nudeldünnen Landstraßen an den jeweiligen Arbeitsplatz oder Bestimmmungsort ihres Alltagsleben rollen würden – wie könnten diese Leute so leben, mit solcher Gelassenheit, wenn sie auch nur die geringste Vorstellung davon hätten, wie es hier oben, in dieser Zone der Gerechten ist? Erst an diesem Punkt kann man zu verstehen beginnen, wie groß, wie titanisch das Ego eines Militärpiloten sein kann."[7]

Dieser gewaltige Akt der Selbsterhebung, der größtmöglichen Selbstausdehnung hat das Ziel, den Blick „auf" die Welt zu erlangen, das Gefühl zu vermitteln, daß die Welt „mein" ist.

Nun fällt die Einsicht leichter, warum die klassische Ray-Ban-Brille auch heute noch der Star unter den Sonnenbrillen ist, warum das Army-Grundmodell immer noch unverändert im Einsatz ist und warum der ursprüngliche Rahmen sogar aus 12karätigem Gold bestand. All dies zählt zum symbolischen Arsenal des begrenzten Ichs, das sich zur Erfüllung nihilistisch gefärbter Ambitionen zum sonnenbebrillten Konquistadoren aufschwingt.

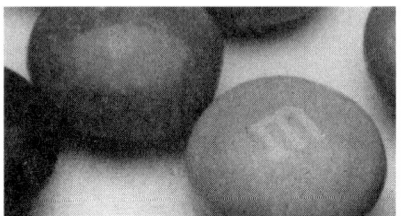

Die Smarties –
Das existentielle Konfekt

Wer ahnt schon, wenn er ein Smartie in den Mund nimmt, daß er mit dieser Geste eine existentielle Urszene par excellence durchlebt? Wer begreift, daß durch den harmlosen Slogan „Schmilzt im Mund und nicht in der Hand" die prekäre Komplexität der Subjekt-Objekt-Beziehung in einer unvergleichlichen dramatischen Miniatur vorgeführt wird? Wir laufen Gefahr, daß sich die Smarties und auch andere Schokoladebonbons in geradezu subversiver Weise unser bemächtigen und uns in humanoide Smarties verwandeln.

Der Einstieg in das Drama des Smartiekonsums sorgt für Aufklärung. Was geschieht denn eigentlich, wenn ich ein Bonbon in den Mund nehme? „Die gespitzten Lippen greifen das Bonbon auf, entlassen es umständlich in den Mundraum, wo es schließlich von der Zunge mit erwartungsvollen Wendungen empfangen wird. Süße entwickelt sich, öffnet sich zu einem kleinen schmeichelnden O und hat bald den Mund in eine süße, klebrig-gierig pulsierende Kugel verwandelt, die, sich ausweitend, mehr und mehr vereinnahmt. Man wird selbst eingerundet und existiert schließlich nurmehr als die feine, immer gespannte Peripherie dieser Süßkugel; man schließt die Augen und implodiert endlich. Selber Kugelcharakteristik annehmend, bildet man einen Gegenstand mit der im Süßen rundgewordenen Welt."[1]

Beim Lutschen verwandelt die Süße und Klebrigkeit der Schokolade, von kleinen Bissen unterbrochen, den Mund in eine schleimig pulsierende Muschel, die kaut und schluckt, saugt und lutscht, sich erweitert und verengt. Ein Spiel zwischen Spannung und Schwellung, Enge und Weite kommt auf, man wird selbst von diesem Spiel erfaßt und mutiert zu einem sich in Wohlgefallen und Süße auflösenden Smartie, einem süßen, wabernden Etwas zwischen Kugel und Chaos. In diesem lustvollen Tun wurde das eigene Ich aufgegeben und in ein Smartie verwandelt.

Das Smartie erscheint nach außen zunächst in fester Gestalt, es führt zugleich aber das Versprechen des Schmelzens unausgesprochen ein. Es muß hart sein, soll sich aber leicht auflösen lassen. Er vereinigt zwei gegensätzliche Dimensionen der Materie: das Feste und das Flüssige, das Harte und das Weiche, den Widerstand und das Gefügige. Es erscheint zunächst als der Triumph des Festen über das Flüssige, als Verdickung und Verlangsamung des Flüssigen, als eine mächtige Instanz, die das Flüssige erstarren lassen kann und eine neue Kategorie des Materiellen erzeugt: das Klebrige.[2]

Sartre hat in „Das Sein und das Nichts" eine Phänomenologie des Klebrigen entwickelt, die auch für unsere Analyse von Nutzen sein kann. Das Klebrige ermöglicht eine tiefe existentielle Erfahrung, die anders nicht gemacht werden kann. Sartre malt ein Schreckensbild des Klebrigen, er denkt dabei an Honig, wir können uns auch ein weiches Smartie vorstellen: Ich spreize die Hände, will das klebrige Ding loslassen, aber es haftet an mir durch eine weiche, schleimige Aktivität des Ansaugens, eine Art von Schwindel kommt auf. Es zieht mich in sich hinein, wie der Abgrund einer Schlucht einen anziehen könnte. Hier liegt die taktile Faszination des Klebrigen. Sartre meint, wenn ich mit den Händen zudrücke, gibt mir das Klebrige das Gefühl, daß ich fortwährend zerstöre, denn es ist fügsam, doch im selben Moment, in dem ich es zu besitzen glaube, besitzt es mich in einer merkwürdigen Umkehrung. Auf einmal wird seine Weichheit saugend. „Das Klebrige erscheint wie eine im Alptraum gesehene Flüssigkeit, deren Eigenschaften sich alle mit einer Art Leben beseelten und gegen mich richteten. Das Klebrige ist die Rache des An-sich." Eine süße, weibliche Rache, die auf einer anderen Ebene durch die Eigenschaften des Gezuckerten symbolisiert wird. Das Gezuckerte als Süßigkeit im Geschmack – als unvergängliche Süße, die unbestimmt im Mund bleibt und das Schlucken überdauert – ergänzt vollkommen das Wesen des Klebrigen.[3]

Diese Beschreibung erklärt, warum die Hersteller in einem speziellen Verfahren die Oberflächen der Smarties härten, um ein Schmelzen in der Hand zu verhindern.[4] Auch zeigt sie, daß nur in der Auseinandersetzung mit dem Klebrigen eine tiefe Erkenntnis des Zusammenhanges der eigenen Person mit der materiellen Welt zu erhalten ist. Vor allem wird die Einsicht vermittelt, daß wir ständig in einem Kampf bestehen müssen, daß wir uns ständig von den Dingen der Welt mühsam losreißen müssen, um nicht hängenzubleiben und ermattet zurückzusinken. Jede persönliche Emanzipation gleicht einem vorübergehenden Sieg gegen das Klebrige, an dem wir im Grunde immer hängen und mit dem wir durch schleimige Fäden für immer verbunden sind. Das im Mund schmelzende Smartie verkörpert in diesem Augenblick alle Objekte dieser Welt, es vermittelt uns nur die Illusion des Sieges, solange es im Mund und nicht in unseren Händen schmilzt. Der Mund ermöglicht aufgrund seiner Höhlenform und seiner Geschmacksnerven eine siegreiche Auseinandersetzung mit der Materie. Daher gewinnt der lapidare Slogan eine philosophische Dimension, indem er den Konsumenten eine Schrecksekunde („schmilzt nicht in der Hand") durchleben läßt und ihn sofort beschwichtigt mit der Verheißung: „schmilzt im Mund". Die Werbebotschaft kündigt einen Triumph des Ichs über die Materie an.

Nicht nur derjenige, der sich so literarisch mit der Materie einläßt, wie Sartre mit dem Klebrigen, läuft Gefahr, sich in dieser Substanz zu verlieren. Auch der Smartie-Konsument wird für einige Augenblicke auf jene Stufe der Entwicklung zurückversetzt, wo zwischen Ich und Objekt noch keine Trennung bestand. Auch wenn wir diese Regression ironisch deuten, belehren uns die Verkaufsziffern, die sich bereits Anfang der neunziger Jahre auf 200 Millionen täglich verkaufter Smarties beliefen, daß sie harte Realität ist. Mit dem Smartie feiern wir den Rückfall in das süße Klebrige. Das Smartie lehrt uns die heimtückische Solidarität und Komplizenschaft der Dinge, deren tückische, alles mit allem verbindende Saugkraft, die jede Individualität verhindert, und unsere vergebliche Auflehnung gegen die Faktizität der Dinge. Denn es scheint Momente zu geben, in denen wir unsere Verbundenheit mit dem Klebrigen genießen. Momente, in denen wir uns freuen, daß die Materie uns hat – und das ganz ohne das unangenehme Gefühl, das so mancher klebrige Händedruck hinterläßt.

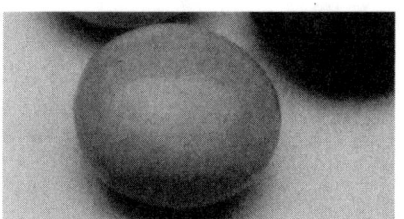

Der Trabant –
Ein Requiem auf die
sozialistische Mobilität

Heute, wenige Jahre nach der Auflösung des Ostblocks und der deutschen Wiedervereinigung, verblassen die Erinnerungen an die DDR allmählich, ihre Bilder verschwinden. Daher wollen wir eines der prägnantesten Symbole des Alltags, des Trabi, gedenken. Der Trabant war ja wesentlich mehr als ein Auto, er war Ausdruck sozialistischer Mobilität, war das Fahrzeug des DDR-Bürgers und damit repräsentatives Symbol der realisierten sozialistischen Mobilitätsphantasien. Vor allem war er eines der greifbarsten Zeichen, das in aller Öffentlichkeit bewies, daß etwas mit der vielgepriesenen sozialistischen Mobilität nicht stimmen konnte. Die proletarische Utopie fand anscheinend am falschen Ort statt. Denn in Westdeutschland fuhren die Arbeiter und Handwerker schon oft BMW und Mercedes oder zumindest VW, und den Trägern der sozialistischen Revolution wurde der Trabant zugemutet.

Dabei hätte alles ganz anders werden sollen, denn die sozialistische Kinetik fing im großen Stil an. Die frühen zwanziger Jahre der Sowjetunion waren eine Brutstätte revolutionärer Gedanken für eine kommunistische Technopolitik, die die alten Vorstellungen von Gesellschaft sprengen und in eine kinetische Utopie verwandeln wollten. Die Gestaltungsphantasien der damaligen Künstler und Designer waren beachtlich, ein Teil der Architektur-Avantgarde lebt noch heute davon. Malevitschs „Suprematismus" führte zur Idee der kosmischen Stadt, die von der avantgardistischen Künstlergruppe „UNOWIS" übernommen wurde und in phantastischen Projekten ihren Ausdruck fand. Sogenannte „Aerostädte" schwebten über der Erde, Planetenhäuser, von Semljaniten bewohnt, waren die Zwischenstationen zur Erde. Krutikows Anleihe beim Kubofuturismus führte zu ähnlichen Projekten. Sein Modell für den künftigen Sowjetbürger sah etwa folgendermaßen aus: Man hätte in einem im Weltraum schwebenden Paraboloid gewohnt, nach dem Frühstück hätte man anstelle der U-Bahn das Spaceshuttle zum Dienst genommen. Der Arbeitsplatz hätte sich in einem gigantischen Megakomplex auf der Erde befunden, der nach zentralistisch-spiralförmigem Plan angeordnet war.[1] Im Vergleich dazu nahmen sich El Lissitzkys Gebäude, die auf riesigen Stelzen über Moskau stehen sollten und deren Bewohner nur mit dem Aeroplan zu verkehren gehabt hätten, geradezu bescheiden aus.

Diese Momentaufnahme sowjetischer Architekturphantasien erklärt auch, warum das DDR-Auto „Trabant" genannt wurde. Der Name bezog sich offensichtlich auf die große utopische Tradition der sowjetischen Avantgarde, die ihre Utopien, wörtlich: ihre Nicht-Orte, nicht auf der Erde, sondern nur im Weltall ansiedeln konnte. Dementsprechend war ein Auto nicht einfach ein Auto, sondern ein revolutionäres Symbol der Mobilität, das den Arbeiter in neue planetarische Dimensionen tragen sollte. Als Trabant sollte das neue Auto der ständige Begleiter des sozialistischen Arbeiters sein.

Der erste Wagen lief denn auch zum 40. Jahrestag der russischen Oktoberrevolution vom Band.[2] Der Name „Trabant" bezog sich auch auf den geglückten Versuch der Sowjets, den ersten bemannten Sputnik noch vor den Amerikanern in den Weltraum zu schicken, was von vielen als der endgültige Sieg über den Kapitalismus interpretiert wurde. Was der Sputnik im All war, das sollte der Trabant auf der Erde sein. Der Sputnik als Begleiter der Erde, der Trabi als Begleiter des sozialistischen Menschen. Dieses Ziel wurde auch erreicht, wenngleich hier einige Abstriche von der planetarischen Dimension gemacht werden mußten. Denn bald schon verkörperte der Trabant eine Eigenschaft, die auf diese Weise wohl nicht intendiert war. Er wurde zum Zwangsbegleiter des sozialistischen Arbeiters, zu einer realisierten Utopie, deren Geister man nicht wieder los wurde.

Der Trabant sollte der Volkswagen der DDR werden, und man hat in gewisser Hinsicht dieses Ziel auch erreicht. Allerdings wäre hier nur ein Vergleich mit dem VW-Käfer angemessen, spätere Typen, wie etwa der Golf, waren technisch schon weiter fortgeschritten. Aber das war zugleich auch das wirklich Faszinierende am Trabant: Daß man über dreißig Jahre lang ein derartiges Auto praktisch unverändert vom Band laufen lassen konnte. Damals, in der Entstehungsphase der fünfziger Jahre, hatte es seinen Sinn, dieses Auto als Alternative zu den Kleinwagen der Bundesrepublik zu konzipieren, aber zehn Jahre später hätte man ihn unter Wettbewerbsbedingungen schon grundlegend verändern müssen. Aber in der DDR galten nicht die Regeln des Marktes oder die Anforderungen der Käufer, sondern der Plan, der von Bürokraten stur und realitätsfern ersonnen wurde. Es galt die Realität einer trägen und völlig starren Industrieproduktion und keineswegs die Wünsche des Kunden.

Nun war die Idee der starren Modellpolitik nicht prinzipiell falsch. Sie ließe sich sogar positiv interpretieren, denn in der Produktion des Trabanten steckte ursprünglich sogar etwas von der Absicht, den kapitalistischen Mythos der Ware aufzuheben, der durch das Prinzip des Tausches und des Gebrauchswerts bestimmt ist. Die Argumentation lautet zusammengefaßt: Da der Hersteller im Kapitalismus stets den Tauschwert im Sinn hat, er also möglichst viel Geld für die Ware eintauschen will, versucht er nur zur Erweckung des Besitzwunsches die Ware zu verschönern. Er produziert die „Erscheinung des Gebrauchswertes", wie es im neumarxistischen Vokabular der frühen siebziger Jahre hieß. Jedes Design und jede Werbung ist demnach nur die Produktion der äußeren Erscheinung, die aus Geldgier den wahren Gebrauchswert der Ware überhöht. Jede Ästhetisierung der Ware dient daher nur der hinterlistigen Erhöhung des Tauschwertes. Im Sozialismus hingegen seien all diese Probleme gelöst, da der Widerspruch zwischen Produzent und Konsument, der sich in der Ware spiegele, aufgehoben sei und damit der wahre Gebrauchswert zum Vorschein komme.[3] In einer ökonomisch gerechten Gesellschaft fehle das Motiv zur berechnenden Verschönerung der Ware; deren Aussehen sei nunmehr gleichgültig – ein Standpunkt, den man beim Trabi nachhaltig praktizierte. Hartnäckige Schöngeister insistierten zwar: Selbst wenn im Sozialismus der wahre Gebrauchswert gefunden wurde, bleibt immer noch die Frage offen, welche Gestalt die Ware denn jetzt annehmen soll, denn in irgendeiner Form muß sie ja schließlich erscheinen.

Die offizielle Linie der DDR entsprach zunächst dem Funktionalismus, zumal nach dem Krieg noch zahlreiche Bauhausleute im naiven Vertrauen auf Gestaltungsfreiheit und revolutionäres Design unterrichteten.[4] Mart Stam etwa, überzeugter Kommunist und Purist, Erfinder des freischwingenden Stahlrohrstuhls, war Rektor der Hochschule für Gestaltung. Bald aber setzte sich ein antifunktionalistischer Trend durch, und 1950 dekretierte die Partei den Funktionalismus zu einer volksfremden und volksfeindlichen Strömung, der zudem als Waffe des Imperialismus einzuschätzen sei. Das Verdikt lautete: „Ein Besteck ohne Ornament ist Formalismus"[5] und daher als sozialismusfeindlich einzustufen. Diese Tendenz richtete sich gegen die Maschinenästhetik der Wohnung und gegen Puristen wie Corbusier. Statt dessen versuchte man nun eine Rückbesinnung auf die Werte der Heimatkunst. Im Grunde lief es auf eine Fortsetzung der kleinbürgerlichen Ästhetik der letzten Jahrzehnte hinaus, die sich kaum von der Alltagsästhetik der Nazis unterschied.

Im Alltag der DDR lief aber ohnehin alles darauf hinaus, einfach die von den Technikern und Kaufleuten favorisierte Lösung als die „sozialistisch richtige" zu propagieren.[6] Für die Techniker war die Form bedeutungslos, im Vordergrund stand die einfache Herstellbarkeit. Die seltenen Anfragen des Handels nach gefälligeren Formen wurden mit der Empfehlung quittiert, den Käufern schleunigst die reaktionäre Suche nach einem glänzenden Gebrauchswert und einem gefälligeren Produkt auszutreiben.

Das galt insbesondere für die gewaltige Plastikproduktion. Als Finalproduzent des russischen Erdöls versorgte die DDR allein den gesamten östlichen Wirtschaftsraum mit Plastikprodukten. Vom

Eierbecher bis zur Küche, vom Eimer bis zum Trabant. „Chemie bringt Schönheit", lautete der Slogan.[7] Obwohl Plastik eine hohe Eignung für zahlreiche Gestaltungsmöglichkeiten besitzt, begnügte man sich mit der schlichtesten und einfachsten Verarbeitung. Eine der kreativsten und außergewöhnlichsten Anwendungen jedoch gelang mit dem Trabanten, dem Plastikauto. Es sprachen pragmatische Gründe für die Verwendung einer Plastikkarosserie, die hohen Stahlpreise gaben schließlich den Ausschlag für die Wahl des wesentlich billigeren Plastiks. Ähnliche Kalkulationen waren auch im Westen für die Plastikkarosserie des Lloyd Alexander, des Leukoplastbombers, verantwortlich. Die Verwendung von Plastik zählt zu den genial-absurden wirtschaftlichen Entscheidungen des Comecon. Genial, weil sie einfach die DDR zur Plastikfirma des gesamten Ostblocks erklärte, und absurd, weil man nun einfach alle Objekte des Alltags nur mehr aus Plastik herstellte, kurzum die Welt der Objekte in Plastik neu erschuf. Hier trifft der Gedanke Roland Barthes zu, daß Plastik weniger eine Substanz, als vielmehr die Idee ihrer endlosen Umwandlung und die Konvertierung der Natur sei.[8] Niemals vorher oder nachher wurde die totale Wandlungsfähigkeit des Plastiks in ähnlichem Ausmaß exerziert. Man traf auch keine besonderen Vorkehrungen mehr, diesen Rohstoff besonders zu veredeln oder zu verschönern. Dieses Faktum führte zu der These, daß hier ein identitätsloses Material zum Zeichen einer identitätslosen Gesellschaft geworden sei.[9] Auch wenn manches an diesem Urteil zutreffen mag, verkennt es doch den Stolz der DDR-Produzenten, die damit das Erbe der großen deutschen Plastikhersteller fortzusetzen und mit dem Westen mithalten zu können vermeinten. Hinter dem Slogan „Plastik ist Schönheit" steckte mehr als ein ästhetisches Bekenntnis zu diesem Werkstoff: Schien es doch, als hätte man hier den ultimativen Stoff, der sich jeder gewünschten Verwandlung unterwirft, gefunden. Und der zudem noch mit der denkbar größten Unverwüstlichkeit ausgestattet ist.

Für den Kapitalismus war diese Dauerhaftigkeit des Plastiks von geringerer Bedeutung, aufgrund der langen Haltbarkeit für die Absatzpolitik sogar kontraproduktiv, aber für den Sozialismus schien es das ideale Modell der Gesellschaft abzugeben. Ein Material, das zur größtmöglichen Imitation fähig ist und das es von Grund auf ermöglicht, die Welt durch eine zweite Schöpfung neu zu ordnen. Wenn die grundlegenden Dinge und Formen aus einer ewigen Substanz kommen, so muß sich das auch auf die Beziehungen und Strukturen der Gesellschaft auswirken. Wer die Substanz kontrolliert, dem ist Befriedung der Gesellschaft und der Welt möglich. Somit gibt dieses unzerstörbare Artefakt die Garantie eines Sieges über den Tod und über die Vergänglichkeit der Macht. Von daher erklärt sich die Liebe des Sozialismus zum Plastik, das, um einen Gedanken Baudrillards zu erwähnen, den Zyklus unterbrochen hat, der durch Verwesung und Tod jede einzelne Substanz der Welt umwandelt. Das entspricht dem sozialistischen Geist und dem Traum vom Anbruch eines Goldenen Zeitalters.

Plastik hätte das Material dieses erträumten Goldenen Zeitalters werden sollen. Eine absolute Substanz, die nicht nur dem Feuer, sondern sogar dem Tod trotzt. Das Material des überlegenen Sozialismus, die substantielle Festigung der Hegemonie. Genau das spukte in den Köpfen der hohen Genossen, wenn sie im hölzernen, grotesken Parteideutsch von sozialistischer Schönheit sprachen.

Schließlich sollte auch das ökonomische Argument, das sich aus der ungünstigen Situation der Nachkriegszeit ergibt, nicht vergessen werden.[10] Zunächst wurden 45% der gesamten Produktionsflächen von den Alliierten zerbombt. Anschließend wurden von den Sowjets die restlichen Produktionsanlagen demontiert und per Waggon in die Sowjetunion geschickt. Während der Westen durch den Marshallplan unterstützt wurde, hatte die DDR bis 1953 ca. 60 Milliarden Mark Reparationen an die Sowjetunion zu zahlen – und das alles aus der laufenden Produktion. Kredite wurden nicht gewährt. Unter diesen Umständen war die Produktion eines PKWs eigentlich schon eine heroische Leistung. Es waren wohl noch die Reste der Ingenieurkompetenz, die vor dem Krieg in den Horch- und Audi-Werken entwickelt wurde, deren Techniker sich plötzlich aufgrund der historischen Umstände in einer grotesken sozialistischen Produktion wiederfanden. Die Rahmenbedingungen dieser

Produktion wurden noch dazu von der Sowjetunion, einem ungleich rückständigeren Land, bestimmt.

Wenn heute das DDR-Design überhaupt noch beachtet wird, dann nur im Zeichen einer neuen Naivität. Die Mangelhaftigkeit und die nachlässige Note vieler Waren hat sich im Westen unter der Etikette des „Punk" verkaufen lassen. Die Werbetafeln auf der Transitautobahn erreichten noch zu DDR-Zeiten Kultstatus bei den „New Wavern" aus Westberlin. Nach der Wende gab es sogar Ausstellungen mit DDR-Waren. So steht am Ende der Geschichte des Trabanten eine Kapriole der sozioökonomischen Theorie.

Die Tupperware –
Hexensabbat in den Suburbs

Die Soziologie kennt zahlreiche Segmente der Gesellschaft wie Klassen und Schichten, Geschlechter, Kleingruppen und Großinstitutionen, Berufstätige, Arbeitslose, Unterprivilegierte und dergleichen mehr. Ein riesiges Segment der Gesellschaft ist ihr bisher entgangen: das Tupperware-Imperium. Denn dabei handelt es sich nicht nur um ein Ereignis, das alle 2,7 Sekunden irgendwo auf der Welt auftaucht – so oft nämlich werden Tupperware-Parties veranstaltet –, sondern um eine veritable soziale Institution mit geradezu religiösem und sektiererischem Charakter. Das Tupperware-Universum ist beinahe unsichtbar, lautlos und nicht greifbar. Die Veranstaltungsorte der Tupperware-Parties wechseln genauso oft wie die Listen der Gastgeberinnen, sie finden heute hier, morgen dort und übermorgen ganz woanders statt.

Man muß sich vorstellen, daß 1991 allein in Deutschland sieben Millionen Frauen an einer Tupperware-Party teilgenommen haben, das entspricht gut einem Fünftel der deutschen weiblichen Bevölkerung. Und weltweit werden jährlich gar 15 Millionen Tupperware-Parties mit durchschnittlich acht Teilnehmerinnen veranstaltet.[1] Dennoch stehen diese enormen Ziffern in krassem Mißverhältnis zur Bekanntheit der Tupperware. Während heute jede andere große Weltmarke ihre Präsenz in der Öffentlichkeit mit Milliardenaufwand durch Werbung und PR forciert, geht Tupperware den konträren Weg, den Weg des Geheimnisses und des unbekannten Ortes, fährt die Strategie der mündlichen und nichtmedialen Übertragung und die des schnellen Verschwindens.

Tupperware-Parties sind auf der einen Seite die denkbar harmloseste Sache der Welt und auf der anderen Seite mit einem Geheimbund vergleichbar, der an verborgenen Orten seinen kryptischen Kult ausübt: den Hexensabbat in den Vorstädten.

Doch folgen wir zunächst den Spuren der Tupperware. Ort der Handlung und des kultischen Festes ist ein Wohnzimmer in einer Siedlung, wie es sie zu Tausenden gibt. Das Milieu ließe sich als von der Mittelschicht abwärts charakterisieren. Der Festdekor, wie Spitzendeckchen und Rüschenkissen, spiegelt die alten Insignien weiblichen Fleißes wider.[2]

Die Gastgeberin hat ihre Bekannten und Freundinnen eingeladen. Dafür wurde sie mit einem Tuppertopf belohnt, sie kann ihr Geschenk noch, je nach Partyumsatz, durch Sternchen aufbessern. Der Sternchenplan ist ein Belohnungs- und Motivationssystem, das mit kleinen und größeren Geschenken winkt, wie etwa Unfallversicherungen, Sparbüchern und Schultüten. Die Gastgeberin wird von einer Tupper-Beraterin betreut, die genau über die Handhabung der Tupperware Bescheid weiß und die den anderen Frauen den Weg weist. Als besonderes Lob für erfolgreiche Gastgeberinnen gelten Aussprüche wie: „Jetzt haben Sie aber Orlando-Augen". Das bedeutet für die vor Stolz erröntenden Hausfrauen die Verheißung einer Reise ins Mekka der Tupperware, die Stadt Orlando in Florida, wo die Tupperware-Company ihren Sitz hat.[3]

Die Sessel sind auf den Mittelpunkt der Party, den Tupper-Tisch, ausgerichtet. Keine Frage: Hier handelt es sich um den Altar dieses harmlosen Kultes. Die Beraterin hat darauf das sakrale Gerät, das aktuelle Sortiment von Tupperware, aufgebaut. Das Snack-Set, das Kühlschranksystem, das Picknick-Set und vieles mehr. Die Gäste erhalten Bestellzettel, auf denen das Tupperware-Himmelreich mit über zweihundert Produkten wie „Backe Backe Kuchen", „Rumpelstilzchen", „Schneewittchen" oder „Die Schöne Müllerin" verzeichnet ist. Anhand der letzteren heften wir uns an die Spuren des Tupperware-Geheimnisses.

Die Figur der „schönen Müllerin" ist nicht nur die lebenslustige, einem Liebesabenteuer nie abgeneigte Frau des Müllers, die später, aufgestiegen zur Frau Wirtin, im deutschsprachigen Film der fünfziger und sechziger Jahre ihren Affären nachgeht. Sondern sie verkörpert durch ihre freie Sexualität ein Gefäß der Fruchtbarkeit an sich. Daß es sich beim Ort des Geschehens um eine Mühle handelt, ist kein Zufall. Denn die Mühle ist ein Glied des symbolischen Regelkreises, der vom Ackerbau bis zum gebackenen Brot reicht. Die schöne Müllerin ist nichts anderes als eine Projektion der alten gemeinsamen Wurzel von Sexualität und Fruchtbarkeit. Seit der Seßhaftigkeit des Menschen und der weitgehenden Abhängigkeit von den Erträgen des Ackerbaus wurde die Fruchtbarkeit zu einer eminent wichtigen Eigenschaft. Der enge Zusammenhang von Fruchtbarkeit und Sexualität liegt auf der Hand, und es ist hinlänglich erwiesen, daß im alten Griechenland und Rom, ebenso wie im mittelalterlichen Europa, Mühlen und Bäckereien aus mythologischen Gründen häufig mit Bordellen verbunden waren.[4]

Um gleich einem etwaigen Mißverständnis vorzubeugen: Sex ist nicht die zentrale Bedeutung von Tupperware, denn auch die schöne Müllerin ist nur ein Teilsymbol eines viel größeren und umfassenderen Archetyps, nämlich eine der zahllosen Verkörperungen der „Großen Mutter" als des Prototyps aller Gefäße. Aber die männliche Assoziation des Sexuellen ist weder zu übersehen, noch sollte sie verschwiegen werden. Und das gilt natürlich auch für die Tupperware als den Prototyp des modernen Gefäßes schlechthin. Das Studium der modernen amerikanischen Literatur fördert so manches Beispiel dafür zutage.

Elvissa, eine der ebenso zarten wie lasziven Protagonistinnen aus Douglas Couplands erfolgreichem zeitkritischem Roman „Generation X", verkauft eine exotische Palette von Kosmetik- und Haushaltsprodukten, die unerhörte Kreationen von Vitaminshampoos, Aloe-Produkten und vor allem Tupperware umfaßt. In Notfällen erweitert sie dieses Angebot auch um ihren eigenen Körper, der durch ihren einteiligen Prinzessin-Stefanie-Badeanzug wirkungsvoll zur Geltung gebracht wird.[5]

Detaillierter noch ein anderer amerikanischer Autor: Thomas Pycheon. In seinem Roman „Die Versteigerung von Nr. 49" kommt die Protagonistin Oedipa gerade von einer Tupperware-

Party, bevor sie sich auf eine 200 Seiten lange Reise ins Ungewisse und in erotische Abenteuer macht.[6]

So kehren wir mit neuer Information zur Ausgangsfrage zurück, die uns daran zweifeln ließ, daß die Faszination der Tupperware-Parties allein darin besteht, daß Frauen bei Kaffee und Kuchen mit anderen Frauen plaudern. Diese Zusammenkünfte der Frauen haben etwas an sich, das Männer irritiert. Deren Phantasie wittert hier die schwüle Luft der Walpurgisnacht und jene dunklen Rituale, die in den Protokollen der Hexenprozesse nachzulesen sind.

Doch die Hexensabbate in den Vorstädten sind nicht die Erfindung eines Hexenmeisters, sondern eines amerikanischen Vertreters für Plastikwaren aus Farmersville, Massachusetts: Earl S. Tupper. Dieser Mann strahlt die Biederkeit eines Staubsaugervertreters aus, doch scheint er von Hexensabbaten mehr verstanden zu haben als die berühmten Inquisitoren der Kirchengeschichte. Earl S. Tupper ist mit seinen Polyäthylenschalen ein Volltreffer ins kollektive Unbewußte braver Hausfrauen gelungen. Und in bester Tradition puritanischer Verdrängung merkt niemand etwas davon. Er verknüpfte den Kult des europäischen Hexensabbats mit dem amerikanischen Produktmarketing und vereinte heidnische Fruchtbarkeitsriten mit den kommunikativen Bedürfnissen amerikanischer Hausfrauen. Er verband matriarchalische Kulte mit der kleinbürgerlichen Ästhetik der Vorstädte und schickte einen Hauch der „Großen Mutter" in die Peripherie der Städte.

Das flexible System des Partywesens, das nicht in die starren Mechanismen männlicher Organisation paßt, das Geheimnis des wechselnden Ortes und das schnelle Verschwinden – all das handelt von alten matriarchalen Tugenden, die nicht nur älter als die harten hierarchischen Strukturen der Männergruppe, sondern diesen auch weit überlegen sind. Die Frauen erhalten bei der Party nicht nur die Weihe der Tupperware, sondern auch die Initiation der Hexe. Daß die Utensilien der modernen Hexe nicht mehr aus einem Amalgam von Krötenblut und Spinnenbein gemacht sind, versteht sich von selbst. Plastik jedoch, mit seiner Fähigkeit, jede gewünschte Form anzunehmen, steht in einer geheimnisvollen Analogie zur sich permanent verändernden Struktur des Partywesens.

„Diese Plastikschalen aus Polyäthylen sind von ihrem Hersteller als Kühlschrankschalen bestimmt. Aber im Bemühen um eine perfekte Kühlschrankplastikschale schafft er, als Nebenprodukt seines angestrebten Zieles, Objekte großer Schönheit. Wenn sie noch nie Polyäthylen angefaßt haben, dann müssen wir ihnen berichten, daß es sehr zerbrechlich und zart aussieht und dennoch kräftig ist. Es fühlt sich an wie Jade, aber zugleich erinnert es an Alabaster und Perlmutt. Gegen Licht gehalten, erscheint es opal und transluzid und hat eine ungewöhnliche Art, Licht durchzulassen. So erscheinen diese Schalen wie Kunstobjekte, auch wenn man weiß, wozu sie dienen."[7]. Diese Hymne auf das Polyäthylen der Tupperware aus dem Jahre 1947, die Beschreibung des milden, etwas geheimnisvollen Lichteffekts läßt eigentlich nur eine Assoziation zu, nämlich die des Mondlichts. Schließlich ist ja der Mond das alte Gestirn der Muttergottheit und der Himmelskörper der Frauen.

Wie immer man es sehen mag, bei dieser Präsenz zutiefst weiblicher Symbole sind einige erklärende Worte zur „Großen Mutter" angebracht. Glücklicherweise haben wir es bei den Tupperware-Parties mit einer äußerst harmlosen Variante des Kults um die Große Mutter zu tun.[8] Schließlich gab es auch wesentlich unfreundlichere Varianten von Fruchtbarkeitsritualen, die oft mit sehr viel Blut verbunden waren. Noch in diesem Jahrhundert wurden Tausende von Tieren zu Ehren der indischen Muttergöttin Kali geopfert, um mit dem Lebenssaft des Blutes neue Fruchtbarkeit und Leben zu erwirken. Nachdem die Frage der Fruchtbarkeit der medizinischen Forschung überantwortet wurde, sind die Muttergöttinnen auf harmlosere Sparten angewiesen. Das Supersymbol der Großen Mutter ist heute die Potenzierung aller Gefäße, die vom Uterus und von der Brust abgeleitet werden. Der Uterus als die erste Quelle beinhaltet alle denkbaren Aspekte eines Lebensgefäßes: Bergen, Bewahren und Schützen. Von hier führt eine direkte kulturelle Entwicklungslinie zu Gefäßen wie Urnen, Kisten und Säcken. Die Brust ist das zweite Feld der Assoziation. Als Archetyp des nährenden Gefäßes steht sie auch für Schalen, Becher, Kelche und für den Gral. In der griechischen Mythologie wurde die erste Schale, die Patera, an der Brust Helenas geformt, und noch vor wenigen Jahrzehnten konnte man dasselbe bei den Frauen der Zuni, eines afrikanischen Volkes, beobachten. Sie formten die Schale an der Brust und schlossen mit einem feierlichen Ritus das Loch, das die Brustwarze hinterlassen hatte. Wer das unterließ, mußte mit Unfruchtbarkeit oder dem frühen Tod des Kindes rechnen.[9] Es ist zu vermuten, daß die Zunis heute eher auf Mothercare, Nestle und Tupperware vertrauen.

Die erfolgreichen Gefäße der Tupperware waren hingegen Trink- und Zahnputzbecher aus Polyäthylen – ein Material, das Roland Barthes an griechische Schäfernamen erinnerte. Heute hat Tupperware die Agenden der „Großen Mutter" im Haushaltsbereich übernommen. Die Firma unterhält in Orlando, Florida, ein Museum für historische Gefäße, das von 6000 Jahre alten phönizischen Körben und Gipstöpfen, bemalten griechischen Vasen bis zur Tupperware alles enthält, was die Geschichte des Gefäßes dokumentiert.

Wir erkennen also langsam, daß die Lust an den simplen Tuppertöpfen wohl einem geradezu archaischen Bedürfnis entspricht: Die Frau wird wieder zur Herrin der Gefäße wie in den frühen Kulturen, die nur den Frauen die Herstellung der Gefäße erlaubten, da Tätigkeiten wie Töpfern oder Flechten dem Kult der Großen Mutter zugehörig waren.

Diese psychologische Renaissance ist verständlich. Denn die Rationalisierung der Küche der letzten hundert Jahre entspricht ja der Denkweise der Industrie und vergißt völlig die eigentliche alte und tiefere Bedeutung der Küche. Die Industrie denkt in Produktionskategorien und geht immer von der Frage nach der möglichen Rationalisierung der Arbeitsschritte aus. Die Arbeitserleichterungen sind im Zeitalter der berufstätigen Frauen nicht wegzudenken, aber sie verringern das Repertoire der lebenserhaltenden Rituale. Die konsequente Rationalisierung brachte der Frau einerseits eine neue, nüchterne technische Herrrschaft in ihrem alten, sakralen Bezirk der Küche, aber andererseits auch eine rituelle Unerfülltheit. Der hohe symbolische Stellenwert der Küche hat sich erhalten. Die rustikalen Küchen im Bauernstubenstil zeugen vom vergeblichen Versuch, dem imaginären Bild von Wärme und Geborgenheit im Mysterium der Nahrungszubereitung nahezukommen.

Die Frau dankt ihre Herrschaft in der Küche nur mehr den männlichen Laren und Penaten des technischen Zeitalters, der Mikrowelle, dem E-Herd mit der Ceranplatte, dem Geschirrspüler, dem Mixer. Die Fertig- und Instantgerichte der Nahrungsmittelindustrie reduzieren die Rituale der Frau auf ein Minimum. Das tiefgekühlte Schnellgericht ist in keiner traditionellen Ordnung des weiblichen Ernährungsmythos mehr einzuordnen.

Daher vermittelt gerade noch die Tupperware den gesamten Kosmos lustvoller Erlebnisse, die matriarchalischen Rituale des Bewahrens, Einschließens und Spendens, des Tränkens und Nährens. Jede Funktion der Tupperware steht in Beziehung zu Abläufen des familiären Lebens. Die Arbeit der Hausfrau ist heute zumeist eine unbedankte und gering geschätzte Tätigkeit, der sie nur ihr geheimes Wissen als Tupperware-Göttin entgegensetzen kann. Nur bei der Tupperware-Party kann sie ihre geheime Leidenschaft mit Schwestern im Geiste teilen, mit den freundlichen Hexen der Tupperware. Das männliche Bewußtsein erahnt kaum seine Unterlegenheit gegenüber diesen elementaren Mächten des Gefäßes – und das ist vielleicht auch gut so.

Der Tweed –
Die Ästhetik des
Verschwindens

Was bedeutet der Tweed? Ist er jenes alte Zeichen der Dandymode, mithin des Stils, der die Nonchalance, die „Armut de Luxe" – wie sich Poiret auszudrücken pflegte – verkörpert, also jenen sorgfältig kultivierten Eindruck, daß man an die Kleider, die man trägt, keine Gedanken verschwendet?[1]
Oder zählt er nur zu den unverwüstlichen Beständen des Kleiderschrankes des zwanzigsten Jahrhunderts? Ein Tweedjacket hat jeder schon einmal getragen. Von Sigmund Freud, der ausschließlich Tweed trug, bis zu Andy Warhol, der ihn in seiner Camp-Periode trug; von Arnold Schwarzenegger bis Bill Clinton. Architekten, Journalisten, Professoren, Detektive und natürlich die Aristokraten, aber auch Frührentner, Studenten und Gärtner tragen Tweed. Sogar bei Gaultier und Konsorten läßt sich noch Tweed finden, allerdings für seinen Kampf gegen den „bon chic" nach Art des Enfant terrible mit Tüll, Plastik oder Nylon verfremdet. Selbst Vivienne Westwood, die Miterfinderin des Punks, kann nicht auf Tweed verzichten, ihre englische Seele verbietet ihr das Kappen ihrer Wurzeln. Zu Sigmund Freud sei noch angemerkt, daß er wahrscheinlich die Psychoanalyse ohne diese schützende Hülle gar nicht hätte erfinden können. Die schweren Tweedanzüge waren für ihn – so zumindest unsere Vermutung – gleichsam ein psychohygienischer Schirm, der es ihm ermöglichte, wenn er während der Therapiestunden vom Patienten abgewandt saß, die Bekenntnisse seiner Klienten unbeschadet zu überstehen.

Zum Thema Tweed hält das „Official Sloane Ranger Handbook"[2] eine ganze Reihe von Empfehlungen bereit. Und es handelt sich auch keineswegs um ein einziges Kleidungsstück, sondern um eine richtige Garderobe. Unter dem Stichwort tweed suit, dem Tweedanzug, heißt es beispielsweise: Perfekt zum sonntäglichen Kirchgang oder zum Sonntagslunch in London if Henry needs to look pukka. Wer dieser kryptischen Anweisung nicht folgen kann, schlägt am besten nach unter: the big tweed coat, der auch als the old country coat bezeichnet wird und den man vorzugsweise von seinem Großvater geerbt hat. Wer nicht dieses Glück hatte, dem gibt das Leben eine zweite Chance: Man kann einen second hand coat per Anzeige in „The Country Landsowner's Magazine" suchen. Obwohl diese Botschaft einigermaßen klar ist, haftet auch ihr etwas Kryptisches an. Stellen Sie sich vor, Sie geben eine Anzeige in diesem Magazin der Country Landsowner auf, um den entsprechenden Tweedanzug zu erwerben. Nach einigen Wochen bekommen Sie einen sonderbaren, vergilbten Brief, in dem Ihnen in einer kaum leserlichen Schrift ein Angebot unterbreitet wird. Die Briefmarke wirkt merkwürdig alt, wann wurde dieser Brief aufgegeben? Der Poststempel ist unleserlich. Nach mühsamen und vergeblichen Versuchen, den Verkäufer telefonisch zu erreichen, entschließen Sie sich, selbst nach Schottland zu reisen. Zunächst nach London. Von dort geht es via Euston Station in die wolkenverhangene englische Landschaft, bis Sie sich nach stundenlanger Fahrt dem schottischen Hochmoor nähern. Sie sind längst in einen Bummelzug einer kleinen Nebenlinie umgestiegen und tauchen in die grauen Schatten und dampfenden Nebelschwaden der Highlands ein. Endlich – Sie sind der letzte Fahrgast – verlassen Sie den klapprigen Zug in einer winzigen Holzhütte mit dem fast unleserlichen Namen Achnashellach. Eine morsche Tafel weist den Weg. Es riecht nach Ginster und Heidekraut, der Boden ist sumpfig. Die Schuhe werden schwer vor Nässe. Es kommt Ihnen vor, als ob das Moor eine sonderbare Wirkung auf sie ausübe, anziehend und abstoßend zugleich. Sei vernehmen ein unbestimmtes Flüstern, es kommt von unten, es möchte etwas sagen, nein, es möchte Sie herabziehen... Jetzt nur nicht die Nerven verlieren und sich im

Moor verirren! Sie reißen sich los, atmen tief durch, wischen sich den Schweiß von der Stirn. Plötzlich reißt in der Nebelwand ein Loch auf. Sie sehen in der Ferne, von grauen Wolkenfetzen umflort, die düsteren Umrisse eines Castles im Tudorstil verschwimmen. Sie wünschen sich nichts sehnlicher als ein prasselndes Kaminfeuer und eine Flasche Malzwhisky. Und plötzlich erscheint eine mysteriöse Gestalt, der Highländer ...

Wie immer diese Geschichte weitergehen mag, sie sind bereits dem Wesen des Tweeds auf die Spur gekommen. Der Tweed ist der textilgewordene Ausdruck der britischen Landschaft. Seit gälischen Zeiten wird die Landschaft des Moors und der Heide am Webstuhl in Wolle nachgebildet. Die Weber wiederholen gewissermaßen die Textur der Natur. Die weichen und wolligen Oberflächen erinnern an Gras, Blätter oder Moos. Die Materialien sind bequeme, zerknitterte Stoffe, die nur die unregelmäßigen Formen der Natur, die Formen von Baum und Busch, von Erde und Stein wiederholen. Sie sind seit Jahrhunderten die Stoffe der Landbewohner, der Bauern und Jäger. Man darf daher annehmen, daß der Herstellung des Tweeds eine magische Handlung zugrunde liegt. Eine Bekleidung in Laub und Blüten soll – so Frazer in „Golden Bough" – der kahlen Erde helfen, sich erneut mit Grün zu schmücken. Die keltischen Ureinwohner vermeinten durch ihre tweedartigen Stoffe das Pflanzenwachstum zu stimulieren und den Frühling zu einem längeren Aufenthalt in ihrem Land zu bewegen. Vielleicht rührt das edle Heideglitzer mancher Tweeds von diesem frühen Wachstums- und Fruchtbarkeitskult her.

Für den Materialfetischisten Adolf Loos war der Tweed die Urkleidung schlechthin: „Da lobe ich mir meine Kleider. Es ist die menschliche Urkleidung. Die Stoffe sind dieselben, aus denen schon Wotan, der Allvater, seinen Mantel trug. Die Theaterschneider färben ihn rot oder blau, aber es war ein schottischer Plaid. Denn schon damals gab es schwarze Schafe und ihre Wolle, vermischt mit der der weißen Schafe, das erste Pfeffer-und-Salz-Gewebe ... Sie war immer mit uns, auch in den embryonalen Zeiten der Menschheit. Von den Müttern stieg sie mit uns herauf. Es ist die Kleidung der Reichen im Geiste."[3] Loos' Homespunanzüge sollen auch immer nach Holzfeuerrauch gerochen haben, das während des Webens in den Fischerhütten brannte ... [4] Für ihn ist der Tweed die Quintessenz der Kleidung schlechthin. Loos hat hier bis auf die Erwähnung der Schafe recht, denn Schafzucht wurde – wenn man den Historikern Glauben schenken darf – erst im 18. Jahrhundert eingeführt. Aber er erfaßt die Idee des Stoffes als eines Erzeugnisses der Landschaft, der Tiere und der Menschen. Schon die Druiden der alten keltischen Bevölkerung waren in Stoffe gehüllt, die dem Tweed glichen.

Das heutige Tweedsakko entwickelte sich aus dem alten Norfolkjacket, dem ersten Sportjacket.[5] Sport, das bedeutet im Mutterland der klassischen Herrenmode in erster Linie Jagen, Reiten und Schießen, alles Tätigkeiten, die nach einer besonderen Kleidung verlangen. Die alte Tweedjacke hatte einen lockeren, bequemen Schnitt, der den Schultern und der Brust genug Raum ließ, zusätzlich vorne zwei und hinten eine Falte, was den schwingenden Bewegungen des Schützen mehr Spielraum verschaffte.

Nie werden wir den Namen jener österreichischen Firma erfahren, die ein schönes Norfolkjacket ausgestellt hatte. Loos war gerade im Begriff, die Firma zu loben. Er wollte nur noch rasch eine Falte lüften, doch – welch ein Skandal – die Falte war falsch.[6] Das heißt, sie war ein reines Ornament und damit eine zwecklose Vergeudung und ein Vergehen gegen die menschliche Arbeitskraft, das einem Verbrechen an der Menschheit gleichkam. Gar nicht auszudenken, im welche Zustände Loos angesichts der heutigen Kleidung verfallen wäre.

Im übrigen ist es völlig falsch zu glauben, daß das Tweedsakko nur aufgrund seiner funktionalen Qualität zur bevorzugten Jagdkleidung avancierte. Das Tragen des Tweeds bei der Jagd war vielmehr ein Akt der Tarnung, der Träger verwandelte sich damit in ein unsichtbares Wesen, das von der Umgebung nicht mehr zu unterscheiden war. Schon bei den Urvölkern bedeckten die Jäger ihren Körper mit Staub und Erde, um sich zu tarnen[7]. Auch einige Tiere haben diese Fähigkeit, sich unsichtbar zu machen. Durch ihre Färbung sind sie so an ihre Umgebung angepaßt, daß sie weder für das Beutetier noch für den Jäger erkennbar sind. Viele Tiere sind

Jäger und Gejagte zugleich, die Tarnung ist in beiden Fällen wichtig. So herrscht im Tierreich eine eigentümliche Dialektik von Anpassung und Überwältigung, die das Raubtierdasein erst ermöglicht und die auch dem Opfer eine Chance gibt.

Analog dazu ist die Jagd ein Ritual, das mit dem Verschwinden des tierischen Körpers endet. In den frühen Gesellschaften „schminkten" sich die Jäger, sie bemalten sich mit Tonerde und Lehm nach der Art der Tiere.[8] Man wurde auf diese Weise den Tieren ähnlich und trat zu ihnen in eine enge magische Beziehung. Dieses Ritual der Beschwörung bedeutete ein Sich-Verschwinden-Lassen und eine Verwandlung in das Tier. Von der gelungenen Durchführung dieses Rituals hing der Jagderfolg ab. Die rituelle Anrufung der Götter führte zu einer zeitweiligen Verschmelzung von Jäger, Tier und Natur.

Der Tweed knüpft an diese Geste des Verschwindens und der Verwandlung an. Die Entstehung des Tweeds setzt beim Weber ein, der sich an der Landschaft und an der Textur der Heide orientiert. Schon die keltischen Siedler, ihre Magier und Druiden, hüllten sich in ähnliche Stoffe. Über Jahrhunderte trugen die Bauern diese traditionelle Kleidung, weil sie in ihr ein anonymes, doch tiefes Gefühl der Übereinstimmung mit ihrem Lebensraum spürten. Der Adel, der zunächst die simple Lebensart der Bauern verachtete, entdeckt im neunzehnten Jahrhundert den Tweed und übernimmt die Kleidung der Bauern. Denn er erkennt, daß der Tweed dem Charakter des Landes angemessen ist. Zu dieser Einsicht kommt es nicht zuletzt infolge der strengen viktorianischen Kleidervorschriften, die aber nur in der Stadt Geltung hatten und den Geist des bigotten protestantischen Bürgertums ausdrücken. In der Stadt unterliegt der Edelmann den Pflichten der Repräsentation, er steht im glänzenden und intriganten Licht der Öffentlichkeit, des Hofes und der Paläste. Zugleich muß er zur Kenntnis nehmen, daß die Welt der Stadt und der Wirtschaft mehr und mehr unter die Kontrolle des emanzipierten und leistungswilligen Bürgertums gerät. Auf dem Land darf er noch „er selbst" sein, dort liegen seine Wurzeln, sein Grund und sein Vermögen; dort widmet er sich den „wirklich wichtigen" Dingen. Für den einfachen Landmann heißt das vor allem: Reiten und Jagen; für den Aristokraten mit intellektuellem Format aber auch Literatur: Politik, Kunst und Wissenschaft.

Der Machtverlust der Aristokratie, der sich ökonomisch durch den Aufstieg des Handels- und Finanzkapitals und den damit verbundenen Wertverlust des Grundbesitzes ankündigt, führt zu einer Haltung unter den Adeligen, die sich als eine Ästhetik des Verschwindens bezeichnen läßt. Das Wissen um den Verlust des Einflusses und ihre immer noch vorhandenen Vermögen erlaubten – je nach Persönlichkeit, Exzentrizität und Intelligenz – einen Lebensstil der raffinierten Dekadenz.

Der vermögende Landedelmann hatte die Möglichkeit, in einer Art sanfter Abkehr von der Welt zu existieren und gelassen über den Dingen zu stehen. Für ihn gab es keine Notwendigkeit zur Teilnahme an den zermürbenden Geschäften des bürgerlichen Alltags. Das bürgerliche Gegenmodell gilt der Aktion, dem gehetzten Kampf um eine höhere Sprosse auf der sozialen Leiter und um prestigeträchtige Auftritte in der Öffentlichkeit.

Der permanente Versuch des Bürgers, sich in Szene zu setzen, steht im krassen Gegensatz zur Ästhetik des Verschwindens, die sich unter dem Begriff des aristokratischen Minimalismus subsumieren läßt. Für diese Haltung eignet sich der Tweed aufgrund seiner bäuerlichen Einfachheit und „ehrlichen" Rauheit nicht nur als Stoff, sondern auch als Rohmaterial für ein ästhetisches Modell. Es geht dabei um einen Katalog von adeligen Verhaltensweisen, die ein skurriles Understatement ausdrücken. Über dieses Phänomen gibt es zahlreiche Anekdoten. Etwa die Geschichte von dem alten Mann, der im Park des Herzogs von Northumberland in den ältesten und zerschlissensten Tweeds herumschlich. Er war den Besuchern gerne ein wenig behilflich und freute sich über die erhaltenen Trinkgelder. Es passierte häufig, daß Touristen, die das Schloß besuchten, Mitleid mit dem arm und schäbig aussehenden Mann hatten und ihm ein übriggebliebenes Sandwich schenkten. Er verweigerte es niemals und verzehrte es mit beträchtlichem Genuß. Um wen es sich dabei handelte? Natürlich um den alten Herzog von Northumberland.

Auf die enervierenden Fragen seiner Familie nach den Gründen für dieses Herumlaufen in den alten, abgetragenen Tweeds antwortete er im Stile des perfekten aristokratischen Minimalismus: „Warum nicht? In London kennt mich ohnehin keiner und hier kennen mich alle. Also was macht es aus?"[9].

Eine andere Facette des aristokratischen Minimalismus ist die Verabscheuung neuer Kleidung. Zur Lösung dieses Problems bieten sich mehrere Methoden an. Man läßt die Tweedjacke zunächst bei den teuersten und besten Schneidern der Savile Row[10] anfertigen, sagen wir bei Anderson & Shepard, Huntsman oder Gieves & Hawkes in London, und läßt sie dann, die Taschen mit Steinen gefüllt, vier Wochen lang im Regen hängen. Noch besser steht es um den, der Personal hat und sie ein Jahr vom Diener eintragen läßt.

Wird der Tweed in England zunächst durch die Aristokratie geadelt, so erhält er seine zweite symbolische Weihe durch die Universitäten. Die Wurzeln dafür liegen natürlich in Oxford und Cambrigde, wir brauchen uns nur der eindringlichen Mahnung des Cousins Jasper zu erinnern, die er an den jungen Studenten und Protagonisten von Evelyn Waughs „Brideshead Revisited" beim Nachmittagstee in Oxford richtet: „Dress as you do in a country house. Never wear a tweed coat and flannel trousers – always a suit." Unruhige Zeiten kündigen sich, denn dreißig Jahre später wird der Duke of Bedford das Gegenteil empfehlen.[11]

Die Nobilitierung des Tweeds in Amerika ist ebenfalls akademischer Herkunft. Wir müssen uns hier die alten Universitäten der Ivy League, der Efeu Liga, mit ihren efeuumrankten Mauern wie Harvard, Yale Princeton oder Columbia vorstellen.[12] Die Ästhetik des Verschwindens gilt auch hier, nur auf andere Weise. Es ist hier nicht der Aristokrat, der auf die Jagd geht, sondern der Professor, der sich in den neugotischen Universitätsgebäuden, im Labyrinth der Bibliotheken oder des Campus, verliert und dessen Verschwinden sich eher als ein Verlorengehen beschreiben ließe. Das Tweedsakko wird hier zum Talar im Elfenbeinturm der Forschung. Die aufgenähten Ärmelschoner bewähren sich auch bei der Schreibtischarbeit. Natürlich konnte es nicht ausbleiben, daß bei einer solchen symbolischen Ausstrahlung auch der amerikanische Geldadel früher oder später dem Geschmackskanon seiner europäischen Verwandten folgte.[13]

Auch auf Architekten hat der Tweed stets eine große Anziehungskraft ausgeübt. Von Adolf Loos war bereits die Rede. Vor allem die Architekten der klassischen Moderne hielten das Tweedsakko für die perfekte Lösung des Kleidungsproblems. Im Tweed läßt sich anscheinend gut „wohnen". Die New Georgians in England tragen auf ihren Architekturexkursionen zur Erhaltung alter abbruchgefährdeter Gebäude „conservation casework country clothes", das heißt Tweeds.[14] Sie lieben die urbane Dichte der englischen Stadt, die verrußten Viadukte, auf denen die Eisenbahn über die Dachfirste kracht. Sie bewundern den Glanz einer Gußeisenkonstruktion bei Sonnenschein, den pinkfarbenen gotischen Turm einer Versicherung, die Docklands, Obelisken und Sphinxen. Tweed ist die korrekte Kleidung, um Ruinenlandschaften zu besichtigen, über gestürzte Säulen zu klettern, Marmorverkleidungen eines klassizistischen Kamins aus den Trümmern zu bergen und um auf Kapitellen zu frühstücken.

Der Volkswagen –
Heideggers „Fahr-Zeug"

War es ein Zufall, daß die Geburtsstunde des Volkswagens genau in jene frühe Phase der Naziherrschaft fiel, in der Heidegger seine berühmt-berüchtigte Rektoratsrede hielt, in der er von der „Herrlichkeit und der Größe des Aufbruchs" sprach, oder von der Zukunft, die man bereits hinter sich gelassen habe? Nun, die nüchterne profane Geschichtsschreibung wird hier keine Zusammenhänge feststellen können und alle derartigen Spekulationen ins Reich der Träume verweisen. Was sollte auch die Rede eines Philosophieprofessors mit der Entwicklung einer deutschen Automarke zu tun haben? Auch wir werden keine direkte Verbindung nachweisen können, doch einige plausible Argumente ins Treffen führen, die zeigen, daß man Heidegger durchaus als einen der geistigen Väter des Volkswagens bezeichnen könnte.

Wie wir wissen, beruhte die damalige Entwicklung des Volkswagens weder auf Marketingstudien noch auf Produkttests, wie sie heute üblich sind, sondern Hitler selbst war der Initiator dieser Entwicklung. Aus dem historischen Rückblick wissen wir auch zur Genüge, daß Hitler dabei weniger die Förderung der Autoindustrie noch das Fahrvergnügen der Deutschen am Herz lag, sondern daß ihm die totale Beschleunigung vorschwebte, die ihm als Vorbedingung zur Errichtung des Tausendjährigen Reiches unumgänglich schien. Soviel war Hitler klar: Ohne die massenhafte Verbreitung von Autos – hier hatte er das amerikanische Beispiel Fords, der den ersten billigen Volkswagen produzierte, vor Augen – keine totale Mobilmachung. Im übrigen sah er keinen wirklichen Unterschied zwischen ziviler und militärischer Mobilmachung, da sich ohnehin alles ins Militärische wenden müßte. Was Hitler vorschwebte, dürfte jene neue Form der Synergie zwischen der Produktionstechnik, dem Produkt und der Gestalt des Arbeiters gewesen sein, die Ernst Jünger in einem Essay aus dem Jahre 1932 beschrieben hatte.

Die Amerikaner hatten diese Form der Synergie bereits mit Ford vorexerziert und mit dem Begriff forcing bezeichnet, was soviel wie ununterbrochener Angriff bedeutet. Virilio skizziert das anhand des Bildes einer Fabrik[1]. Das Fließband produziert Fahrzeuge, und in der Endphase der Produktion springt der letzte Arbeiter mit einem Satz ins fertige Auto und fährt davon. Der Clou dabei ist, daß der Arbeiter das Auto in Gang setzt und das Auto nun den Arbeiter mobilisiert, auch außerhalb der Fabrik. Volkswagen wurde die Inkarnation dieses Bildes. Schon den Amerikanern ging es beim forcing weniger um Konsumobjekte als um die Produktionsgeschwindigkeit. Aber erst die Deutschen machten die allgemeine Mobilmachung daraus, und Heidegger verkündete seine Version des forcing, um die Studenten zum Arbeits-, Wehr- und Wissensdienst aufzurufen.

Die Mobilisierungspläne der Nazis waren damals so recht nach Heideggers Geschmack und veranlaßten den jungen Rektor zu jener äußerst umstrittenen Rede mit dem Titel „Die Selbstbehauptung der deutschen Universität". Nun beruhte diese kurze, aber fatale Parteinahme für die Nazis auf einem problematischen Grundzug der frühen Heideggerschen Philosophie, die hier nur in ihrer Tendenz angedeutet werden kann. Heidegger war mit seinem Begriff des Vorlaufens in die Eigentlichkeit ein kinetischer Denker ersten Ranges und damit ein Philosoph des explosiven Sich-nach-vorne-Bringens. Das Schicksal entschlossenen in die eigene Hand zu nehmen, gleich um welchen Preis, schien ihm in dieser Zeit der rechte Lebensweg. Wie immer wir heute über diese Rede urteilen mögen, Heidegger brachte in ihr eine allgemeine, für uns heute schwer vorstellbare Stimmung auf den Punkt, die ganz seiner

Theorie vom Vorlaufen als dem entschlossenen Zu-Ende-Führen des Schicksals entsprach.[2] Die existentiell bedrückende Situation der Zeit sollte durch einen entschlossenen Aufbruch in die Zukunft bewältigt werden. „Alles Große steht im Sturm."[3]

Wenn man Heidegger damals gefragt hätte, auf welche Art oder mit welchem Fahrzeug man diesen Aufbruch starten sollte, wäre er vielleicht gezwungen gewesen, seine ganze Rede genauer zu überdenken. So aber gab die Geschichte diese Frage an Ferdinand Porsche weiter, der sie auf seine Weise mit der Erfindung des Volkswagens beantworten sollte. Heidegger lieferte nur die philosophische Begleitmusik für diesen Traum vom Volksauto. Dieses Auto sollte das „Fahr-Zeug" Heideggers werden, ganz im Sinne seiner Lehre vom „Zeug", das zum Vollzug des Daseins dienen soll.

Hitler beauftragte den österreichischen Ingenieur Ferdinand Porsche mit der Konstruktion eines Volkswagens. Schon in der Ausstellung mit dem bezeichnenden Titel „Der Wille zur Motorisierung" hatte Hitler unmißverständlich zu verstehen gegeben, daß er Deutschland mit Rollbahnen, d. h. mit Autobahnen, überzogen sehen wollte. Schon bald darauf erfolgte der erste Spatenstich für den ersten der geplanten 7.000 Kilometer Autobahn. Und wenig später erklärte Hitler bei der Berliner Automobilausstellung: „Es ist ein bitteres Gefühl, von vornherein Millionen braver, fleißiger und tüchtiger Mitmenschen, denen das Leben ohnehin nur begrenzte Möglichkeiten einräumt, von der Benutzung eines Verkehrsmittels ausgeschlossen zu wissen, das ihnen vor allem an Sonn- und Feiertagen zur Quelle eines bisher unbekannten, freudigen Glücks wurde. Man muß dem Auto seinen ihm früher nun einmal angehängten klassenbetonenden und damit leider auch klassenspaltenden Charakter nehmen; es darf nicht länger Luxusmittel bleiben, sondern muß zum Gebrauchsgegenstand werden".[4] Die Massen waren von dieser Aussicht begeistert, und bald gab es über 300.000 Sparer, die pro Woche einen Betrag von fünf Reichsmark anlegten, um nach einer entsprechenden Zeit einen Volkswagen vor der Türe parken zu dürfen. (Slogan: Fünf Mark die Woche mußt du sparen, willst du im eignen Wagen fahren.)

So kam Ferdinand Porsche, der sich schon seit Jahren in seinem Stuttgarter Konstruktionsbüro mit einem derartigen Projekt befaßte, zu seinem Auftrag, ein Gefährt zu konstruieren, das sparsam im Verbrauch, viersitzig, hundert Stundenkilometer schnell sein sollte und auf keinen Fall über tausend Mark kosten durfte. Wenige Jahre später war der Prototyp fertig, und die Produktion hätte anlaufen können.

Aber zu diesem Zeitpunkt hatte sich schon ein Sinneswandel der Nazis eingestellt. Man ließ zwar die Leute weiter sparen, aber anstelle des zivilen Käfers rollte der Kübelwagen, die militärische Variante des Volkswagens, vom Band, der bald auf dem Schlachtfeld in einem umfangreichen Testprogramm zum Einsatz kam. In den Steppen Rußlands und den Wüsten Nordamerikas wurde auch der eigentliche Mythos des Volkswagens geboren.

Erst in der Zeit nach dem Zweiten Weltkrieg forcierte man wieder die zivile Produktion. Es stellte sich nämlich bald nach Kriegsende heraus, daß die Fortsetzung der Produktion kein essentielles Problem verursachte (einmal von den organisatorischen und technischen Problemen des Wiederaufbaus abgesehen). Es bedurfte nur einer strategischen Umwandlung der militärischen in zivile Vektoren, um fremdes Terrain mit deutschen Fahrzeugen überschwemmen zu können. In der Anfangsphase versuchte man sogar, das Werk an die Alliierten zu verkaufen, doch diese lehnten freundlich, aber bestimmt ab. Lord Rootes verbot es die Höflichkeit zu sagen, daß er einem derart häßlichen Produkt wie dem Käfer absolut keine Überlebenschancen einräumte[5].

Es zeigte sich bald, daß mit dieser Modifikation und Umstellung auf zivile Fahrzeuge ein ungleich größerer Erfolg erzielt werden konnte und daß sich der VW Käfer ungleich besser verkaufte, als es unter den militärischen Bedingungen möglich gewesen wäre. Der weltweite Durchbruch gelang aber erst, nachdem er in Amerika zum Kultauto avancierte. Während die Deutschen den Käfer aufgrund ökonomischer Notwendigkeit kauften, wurde er in Amerika erstmals aus vorwiegend stilistischen, ästhetischen Gründen gefahren.

Denn erst die Amerikaner verstanden das puristische Wesen

des Käfers richtig, wie sie auch die deutsche moderne Kunst, das Bauhaus mit seinen Stars wie Gropius oder Mies van der Rohe wirklich entdeckten. Die Werbeagentur Doyle, Dane und Bernbach erfaßte in ihrer Werbung intuitiv das Wesentliche des Käfers, indem sie den Charakter der lapidaren Konstanz und des Verzichts auf unnötiges Ornament herausstrich.[6] Nur der Käfer konnte es sich leisten, immer gleich häßlich zu bleiben, während die anderen Autos ständig mit neuen Details glänzen mußten.[7] Allein schon dieses Beharrungsvermögen erregte im Land der Mobilität Aufsehen und appellierte an die alte protestantische Seele Amerikas und an ihren Hang zum Purismus.

Der Volkswagen wurde nun einfach zu einem Synonym für „transport", wie im Englischen viel nüchterner alle Arten des Verkehrs bezeichnet werden. Fast so etwas wie ein öffentliches Verkehrsmittel, aber im besten Sinne: einfach, billig und schnell, die kompromißlose und unprätentiöse Umsetzung einer protestantischen Idee von Transport, unberührt von Luxus- und Geschwindigkeitsphantasien. So hat der „Volks" am Ende sogar Eingang in den amerikanischen Sprachschatz gefunden.

Daß „The bug" zum Auto junger Intellektueller und Studenten, Hippies und Westküstler wurde und daß sich dieses merkwürdige, häßliche Ding bald von Amerika aus über die ganze Welt verbreitete, „Hitlers einziger Beitrag zur Gegenkultur der sechziger Jahre"[8], verlieh dem Käfer den Nimbus der Allgegenwärtigkeit. Der Volkswagen wurde zu einem Symbol des Aufbruchs für die amerikanische Jugendkultur der fünfziger und sechziger Jahre. Dieses Phänomen läßt sich wunderbar am Literaten Jack Kerouac aufzeigen, der die transkontinentale Geschichte Amerikas am eigenen Leibe durch wildes, beinahe rituelles Pendeln zwischen Nord Beach und Greenwich Village wiederholen mußte. Verabredungen führten ihn heute nach San Francisco, morgen nach Texas und bald darauf wieder nach New York. Dafür war er ständig „on the road" (so der Titel eines seiner Romane), auf Güterzügen, Lkws, klapprigen Chevys oder eben ratternden „Volks".

Kerouac bereitete mit seinen Büchern das Bewußtsein der Pop-Generation vor. Ihr Aufstieg fiel in jene Zeit, in der der Käfer seinen

Siegeszug begann. Der Volkswagen wurde das Auto der Nonkonformisten, weil er perfekt in das Schema der Abkehr von den bürgerlichen Normen paßte.

Kerouac wurde zu einem Theoretiker des Highways, zum Reporter der tausend flüchtigen Abenteuer und Begebenheiten, die ein transkontinental Reisender erlebt. Sein Leben verlief nach den Regeln des „easy going" mit all den Elementen, die für die kommende Beat-Generation bestimmend sein sollten: Drogen, Sex und Musik. Aber bei ihm ist immer auch ein existentieller Schmerz zu spüren, ein tiefes Leiden am Dasein. Er starb relativ jung mit 47 Jahren; seine Maxime war die Abkehr von der Welt und vom Realitätsprinzip und die Einübung in Fluchttechniken zur Vorbereitung des Ausstiegs aus der Welt. Im Stil, Tempo und Rhythmus des amerikanischen Aktionismus experimentierte Kerouac mit Lebensformen, die für die Generation der Hippies bestimmend werden sollten.

Der absolute Höhepunkt der Karriere des Volkswagens bestand in der Verwandlung in „Herbie", den Käfer, der mit den Kotflügeln wackelte, mit den Scheinwerfern kullerte und tausend Abenteuer bestand. Es war alles nichts anderes als die Rückverwandlung ins Reittier nach den modernen Gesetzen der Comics. Hier trafen sich Kinetik und Infantilität: Herbie, das beseelte Wesen, ein rollender Diener des Hephaistos im Dienste der Hippies: die Blumenkinder im Heideggerschen „Fahr-Zeug", die Beach-Boys mit Good Vibrations im VW-Buggy oder die Popgruppe „Dick Sick and the Volkswagens". Die Adoption des Käfers durch Walt Disney und die Verwandlung in Herbie öffnete die Tore in die amerikanische Popkultur. Herbie entsprach einem Schema, das in Amerika die Akzeptanz eines deutschen Produkts möglich machte. Der Käfer war lieb, beweglich, zuverlässig und clever. Die späteren Versuche, den VW Golf als „Rabbit" nach dem gleichen Strickmuster zu verkaufen, waren weit weniger erfolgreich, da dieses Auto im Design nicht dem Kindchenschema entsprach, sondern nach völlig anderen Kriterien gestylt war.

Der Käfer als der erste Volkswagen hatte eine Stromlinienform. Die Rundheit ist seit frühesten Zeiten mit der Vorstellung von Bewegung und Dynamik verbunden. Das Bild der Wolken und des Vogels war in früheren Zeiten ein Symbol der Reise. Rundheit entstand aus dem Kampf der Materie gegen die Elemente des Windes und der Luft, in moderner Diktion: aufgrund der aerodynamischen Bedingungen. Die runde Form des Käfers hielt sich über Jahrzehnte, und noch heute rollen in Lateinamerika Käfer vom Band, ohne Veränderung, so als wäre ihre Form die definitiv gültige Naturform.

Ende der sechziger Jahre, nach der Erzeugung von 20 Millionen Käfern, mußte man allerdings in Wolfsburg eine Erlahmung des Interesses feststellen, der Käfer war nicht mehr das Zugpferd des Konzerns. Die rapide sinkenden Verkaufszahlen brachten das Volkswagenwerk in große Schwierigkeiten und veranlaßten die Konzernleitung, den renommierten italienischen Designer Giugaro mit der Entwicklung eines neuen Modells[9] zu beauftragen. Giugaro gab dem Golf die unverwechselbare Keilform, die durch klare und einfache Linien bestimmt wurde.

Dieses Design entsprach einer Art verspätetem Bauhaus, das nun mit 50 Jahren Verzögerung auch im Automobilbau wirksam wurde, allerdings unter dem Kommando des lateinischen Rationalismus anstelle des teutonischen Purismus. Zugleich geschah auch eine Abwendung von der runden, organischen und eher weiblichen Form. Das phallische Symbol des Keils schien zu diesem Zeitpunkt das weitaus geeignetere Muster für die Form des Volkswagens zu sein.

Das klare, einfache und präzise Produkt verzichtete auf jegliches Chrom, ein bis dahin eminent wichtiges Gestaltungselement des Autodesigns. Aerodynamische Gesichtspunkte bestimmten die Konstruktion der Keilform: Die kleine Stirnfläche mit dem schmalen horizontalen Kühlergrill aus Plastik und die von der tiefliegenden Frontpartie her ansteigende Motorhaube formen die charakteristische Keilform der Silhouette, die ihren Abschluß durch das schräge Heck findet. Der Golf rettete das Volkswagenwerk und eröffnete nebenbei ein neues Kapitel in der Designgeschichte der Bundesrepublik. Die Keilform wurde schon bald von anderen Autoherstellern übernommen. Dementsprechend fällt auch die Erfindung des PS-starken GTIs in diese Periode der phallischen Aufrichtung. Ein aus Granit gehauenes Denkmal in Maria Wörth am Wörthersee machte den Ort zum Wallfahrtsort, der jährlich Tausende Pilger anzieht und zum Schauplatz der größten Autoschlange der Welt wird, ausschließlich aus Fahrzeugen des gleichen Typs, des GTIs.[10]

Dennoch scheint es sich bei der runden und weiblichen Form um die wesentlich ältere symbolische Manifestation des Vektors zu handeln. Das Ei ist das älteste Symbol des Lebens, alle höheren Formen organischen Lebens kommen aus dem Ei. Der Golf III bezieht sich in seiner Form wieder klarer auf die alte aerodynamische Gestalt. Man hat eine neue Idee in den Automobilbau eingebracht, nämlich den Einbau von Plastikteilen, die man wieder dem Recycling zuführen kann. Damit kehrt man am Ende doch wieder zu einem zyklischen Verständnis von Natur und Konsum zurück.

Der Walkman –
Die elektronische Nabelschnur
des Stadtnomaden

„Nichts ruft das Bild vom Weltuntergang stärker hervor als ein Mensch, der einsam geradeaus über den Strand läuft, in die Klangwolke seines Walkmans eingehüllt, im einsamen Opfer seiner Energie gefangen, selbst einer möglichen Katastrophe gleichgültig gegenüberstehend, weil er Zerstörung nur noch von sich selbst erwartet, von der Erschöpfung eines in seinen Augen nutzlos gewordenen Körpers."[1]

Dieser Satz stammt aus einer Passage des Amerika-Buches von Baudrillard, in der er kalifornische Impressionen beschreibt. Worum geht aber es in diesem apokalyptisch gefärbten Bild des Joggers, und welche Rolle spielt die Erwähnung des Walkmans? Bei der ersten Annäherung in aller gebotenen Unschärfe ahnen wir hier einige Elemente des Existentialismus bester französischer Provenienz: Menschen in Bewegung, die Einsamkeit, die Klangwolke und schließlich das Element der Zeit, das hier durch eine Stimmung der Endzeit hervorgerufen wird. Im Mittelpunkt steht der Jogger als eine Metapher des egozentrischen Menschen, der sinnlos, nur von der eigenen Klangwolke begleitet, dem Endpunkt seiner Zeit, dem Tod, entgegenläuft.

Bei dem Jogger mit dem Walkman haben wir es mit einem typischen Produkt der späten westlichen Zivilisation zu tun. Er erträgt seinen Körper nur mehr durch stundenlange Laufarbeit, also durch einen ständig zu erneuernden Akt der Askese und Kasteiung, und benötigt dazu zugleich die rezeptive Tätigkeit des Musikhörens. Ob die Musik beruhigt oder aufpeitscht, ist nebensächlich, wichtiger ist der neue Modus des Musikhörens selbst, das Hören im bewegten Zustand, im Gehen, Laufen oder Joggen. Der Walkman steht hier für eine völlig neue Körper- und Hörerfahrung. Die Schallwellen des Walkman, die Körpervibrationen und der Rhythmus des Laufschritts vereinigen sich. Dadurch werden alle traditionellen Vorstellungen des Klangerlebnisses über den Haufen geworfen, denn bislang war das Hören von Musik von einem ruhenden Körper abhängig.

Vilem Flusser begründete die Notwendigkeit des ruhenden Körpers in seiner Theorie des Hörens noch so: „Es ist für akustische Botschaften kennzeichnend, daß sie nicht eigentlich empfangen, sondern weitergeleitet werden. Der menschliche Körper ist für Schallwellen permeabel, und zwar so, daß ihn diese Wellen in Schwingung versetzen, daß sie ihn ergreifen. Zwar gibt es im Körper spezifische Hörorgane, welche die akustischen Schwingungen in andere, zum Beispiel elektromagnetische Schwingungen übertragen, aber Musik bringt nicht nur den Hörnerv, sondern den ganzen Körper zum Schwingen."[2] Nach Flusser ist das Hören eine Anpassung des Körpers an die akustische Botschaft, ein Vorgang, der allerdings die richtige Haltung des Hörers voraussetzt. Der Hörer muß sich konzentrieren, unter innerer Spannung stehen und Muskeln und Nerven auf die Botschaft einstellen. Er muß die ankommenden Schallwellen im Inneren des Körpers bündeln, um den gespannten Körper zum Schwingen zu bringen. Das bedeutet aber auch eine Unverträglichkeit mit anderen Körperbewegungen, die seine Konzentration ausschalten und die nicht mehr auf Empfang, sondern auf Handlung ausgerichtet sind. Offensichtlich handelt es sich also beim Walkman um eine neue, flüchtige Art des Musikhörens, die keinen ruhigen Körper mehr voraussetzt. Denn hier bündelt der Hörer die Schallwellen nicht mehr in seinem Körper, sondern sie fließen eher durch ihn hindurch. Er läßt die Schallwellen in sein Inneres ein und ist zugleich selbst in einer Bewegung, die dem Rhythmus des Gehörten nicht entsprechen muß. Der Körper des mobilen Menschen, des modernen Stadtnomaden ist in seiner Bereitschaft zum reinen Empfang, zum puren Mitschwingen stark beeinträchtigt, weil er selbst als Verursacher starker Schwingungen auftritt.

Aber stimmt das wirklich? Denn wenn wir den Argumenten Flussers, die im wesentlichen den aktuellen musikalischen Perzeptionstheorien entsprechen, folgen, gelangen wir zu einer ausschließlich negativen Theorie des Walkmans. Es fragt sich jedoch, worin denn die Motive der Benützung dieses Miniplayers liegen könnten. Welcher Typ Mensch verwendet ihn? Auch wenn heute der Durchschnittsbenutzer des Walkmans im pubertären Alter sein mag, so ist und bleibt doch der klassische Benutzer der Stadtnomade. Denn im Walkman werden erstmals die musikalisch bisher gegensätzlichen Elemente von Hören und Mobilität, von Empfang und Flucht vereinigt. Die Startenergie für dieses Unternehmen, das möglicherweise die stille Vorbereitung für einen Aufbruch in eine neue Dimension der Wahrnehmung darstellt, wird aus den Fluchtimpulsen des modernen Menschen gespeist. Die Prototypen des Stadtnomaden sind der junge amerikanische Großstädter und sein blasseres, europäisches Imitat. Sie stehen hier exemplarisch für jene jungen Menschen, die einen durch starke Mobilität charakterisierten Lebensstil aufweisen.

Der Begriff des Nomaden steht hier einerseits für die Mobilität und andererseits für die Wüste als Metapher für das augenblickliche urbane Lebensterrain. Es handelt sich eher um eine romantische Verwendung des Begriffs, da er sich gut für die idealistisch gefärbte Darstellung des existentiellen Zusammenhangs von Aufbruch, Flucht, mythischer Bewegung und Verfügung über großen Raum eignet. Der echte Nomade hat eine Perspektive, einen Fluchtpunkt, der ihn antreibt, während seinem städtischen Pendant das Ziel der Weltflucht als Orientierung genügt. Dem alten Nomaden sind Bewegung und Zeit noch eins, ein Fließen im Kosmos, den neuen Nomaden interessiert allenfalls das Fließen im Cyberspace. So spielt für den Wüstenbewohner Zeit keine Rolle, da sein Leben nach den höheren Rhythmen der Religion und der mythischen Kreisbewegungen abläuft, während der Stadtnomade dem Glauben an Ecstasy, den Gebote der Mode und den Zyklen der Bewußtseinsindustrie folgt. Der alte Nomade ist über Monate, sogar Jahre unterwegs, immer im Aufbruch, aber ohne Hast. Er kennt noch die Wanderungen in der Stille der Zeit und der Leere des Raumes, sein städtischer Schatten dagegen ist ständig auf einem Trip durch die Hektik der Discos und Shopping-Center. So unterliegt der Stadtnomade den Gesetzen einer durch und durch mobilen Gesellschaft, aber er träumt sich in die Existenz des echten Nomaden. Dieser sucht Ruhe in der Bewegung, der Stadtnomade findet nur Unruhe in der Bewegung. Deshalb umgibt er sich gerne mit Objekten, die den Gesetzen des Nomadischen gehorchen und die diese Simulation auch entsprechend inszenieren – zum Beipiel mit dem Walkman – und hofft, damit endlich in der Bewegung Ruhe zu finden.

Die heutigen Walkmanträger sind die Lehrlinge des Stadtnomaden, die Adepten des modernen Einzelmenschen, die bereits im zarten Alter die Andacht vor sich selbst einüben. Junge Egoisten, die sich in der Beugung zum autarken Leben einüben. Kleine Mönche, die den Selbstgenuß spielerisch erlernen. Es sind die Absolventen der Akademie des Singles und der Hochschule für Einzelgänger, die mit verstöpselten Ohren durchs Leben geschickt werden. Im Unglauben an die Möglichkeit sozialer Zusammenhänge sind sie auf der ständigen Suche nach dem folgenlosen Genuß. Es sind erwachsene Kinder, die Angehörigen der Generation X, die ihre infantilen Muster zum Lebensstil erhoben haben. Embryos in Jeans, denen bis heute die Abnabelung nicht gelungen ist und an denen immer noch die Trauer über das Verlassenmüssen des Uterus nagt. Die, wenn sie meinen, daß sie nicht ohne ihre Musik leben können, in Wirklichkeit von den uterinären Klängen träumen, vom frühen Dialog mit der Mutter, vom Jubel des Fötus über die Sprachrhythmen und Modulation der Frau Mama, vom ersten Lebensgeräusch überhaupt. Sie suchen im Walkman das Urrauschen des Lebensozeans, die Modulationen der ersten Liebe, die fötalen Schwingungen des Anfangs, die Markierunges des ersten Glücks. Alfred A. Tomatis Forschungen geben ja hinreichend Auskunft über den Zusammenhang von vorgeburtlicher Kommunikation und seelischer Entwicklung[3].

Und so trifft die Behauptung des japanischen Autors Shuhei Hosokawa, wenngleich in ganz anderer Weise als beabsichtigt zu: „Bis zum Auftauchen des Walkmans hatte man noch nicht erlebt, daß ein Passant in einer derartig ostentativen Weise zugab, ein Geheimnis zu haben. Ein Walkman-Hörer läßt die Leute wissen, daß er einem Geheimnis zuhört. Man wurde sich in der Tat bewußt, daß der Walkman-Hörer nicht nur etwas Unbekanntes, sondern dem Unbekannten an sich zuhörte, einem Geheimnis in Gestalt eines mobilen Klangs: einem offenen, öffentlichen Geheimnis."[4]

Das offene Geheimnis, der Rückzug ins Innere, gilt einer Suche nach dem akosmischen Schwebezustand vor der Geburt. Ein Zitat aus Emile Ciorans Musiktheorie verhilft uns zu einer tieferen Einsicht. „Wir tragen die ganze Musik in uns: sie ruht in den Tiefenschichten der Erinnerung. All das was musikalisch ist, gehört zur Reminiszenz. In der Zeit, als wir noch keinen Namen besaßen, müssen wir wohl alles vorausgehört haben"[5]. Gemeint ist hier das Gehör des Fötus. Er ahnt die Welt als eine Totalität von Geräuschen voraus, es lauscht im Dunklen einer Zukunft entgegen, die vielleicht noch wie ein kommendes Paradies klingt. Später jedoch als ein Zur-Welt-Gekommener sehnt sich der Mensch wieder nach dieser verlorenen Tonwelt zurück. Er will zurück in die „archaische Euphonie des vorweltlichen Innen, er aktiviert die Erinnerung an eine euphorische Enstase, die uns wie ein Nachleuchten vom Paradies her begleitet". Diese Geste des Rückzuges, der Heimkehr findet ein kongeniales technisches Instrument, den Walkman. Der Walkman ist das Taxi auf der Heimfahrt in den Uterus. Die Verkabelung der Ohren mit dem Gerät ist der Versuch, den Körper vor der Welt kurzzuschließen, die Simulation eines embryonalen Tonzustandes. Die Geste des Walkmans entspricht einer Hörerwartung, die freilich nicht vollkommen erfüllt werden kann. Aber nicht nur die die Tonkonserven der kommerziellen Musik bemühen sich, diesen regressiven Wünschen nach Kräften gerecht zu werden.

Schon Wagner wurde von Nietzsche wegen des berühmten Motivs des wogenden, nur leicht variierten Es-Dur-Akkords aus Rheingold kritisiert, das er als schwimmende oder schwankende Bewegung ironisierte[6]. Und damit richtig sah – Wagner selbst berichtete über Gedanken und Gefühle, die ihn während der Komposition von Rheingold überwältigten. Er fühlte sich plötzlich in einen somnambulen Zustand versetzt, der sehr stark dem Versinken in stark fließendem Wasser glich. Daraus entstand dieses Motiv, das damals eine neue, nicht unumstrittene Auffassung von Musik ankündigte, die auch von Nietzsche erkannt und ironisiert wurde. (Nietzsche war kein Mann des Schwimmens, viel eher einer des Fliegens.)

Übrigens hat Sony auch für diesen Anlaß das richtige Produkt. Das Kultmodell des Sony Sports Walkman. Der gelbe Plastik-Body und die Gummimenmbranen an den Plastikknöpfen signalisieren sehr überzeugend das Etikett „waterproof"[7].

Literatur

Alltagsobjekte zwischen Ready-made und Mythos

1 Jean Baudrillard, Das perfekte Verbrechen, München 1996, S. 122
2 ebd.
3 ebd., S. 52
4 Boris Grois, Kunst-Kommentare, Wien 1997, S. 134
5 Betty Cornfeld & Owen Edwards, Quintessenz, München 1984
6 ebd., Einleitung, nicht paginiert
7 Susan Sontag, Anmerkungen zu Camp, in: Utz Riese (Hg.), Falsche Dokumente. Postmoderne Texte aus den USA, Leipzig 1993, S. 126
8 ebd., S. 112
9 ebd., S. 126
10 ebd., S. 126
11 Sören Kierkegaard, Entweder – Oder, München 1988, S. 792
12 Andy Warhol, Die Philosophie des Andy Warhol von A bis B und zurück, München 1991, S. 18
13 ebd., S. 35
14 ebd., S. 74
15 ebd., S. 247
16 ebd., S. 105

Coca Cola – Mutter Amerika des Soda-Pop

1 The whole Pop Catalogue. The Berkeley Pop Culture Projekt, New York 1991, S. 502
2 ebd., S. 501

3 Wolfgang Schivelbusch, Das Paradies, der Geschmack und die Vernunft, Frankfurt 1990, S. 45
4 James George Frazer, Der goldene Zweig, Hamburg 1989, S. 601
5 Alison Lurie, The Language of Clothes, London 1992, S. 68, Mario Praz, Der Garten der Erinnerung, Frankfurt 1994, S. 258
6 Margaret Mahler, Symbiose und Individuation, Bd.1, Stuttgart 1972, S. 76
7 Praz, a.a.O. S. 254
8 ebd., S. 254
9 Marshall McLuhan, Die mechanische Braut, Amsterdam 1996, S. 156
10 ebd., S. 156
11 Matthias Horx, Trendbuch 1993, S. 241

Die Cornflakes – Das Manna für die Endzeit

1 Pop Catalogue, a.a.O, S. 129
2 Die Religion in Geschichte und Gegenwart, Hg. Hans Campenhausen, Erich Dinkler u.a., Tübingen 1986, Bd I, S. 102
3 ebd.
4 Thomas H. Macho, So viele Menschen. Jenseits des genealogischen Prinzips, in: Peter Sloterdijk (Hg.), Bericht zur Lage der Zukunft, Frankfurt 1990
5 siehe dazu: Dionysius Aeropagita, Die himmlische Hierarchie, XV 3
6 Justinus, Psalmen, CIV 40
7 Pop Catalogue, a.a.O. S. 129
8 Dionysius a.a.O. VII 1
9 Pop Catalogue S. 128
10 ebd., S. 128
11 ebd., S. 129

Das Fahrrad – Der Wahn des Kentauren

1 Reyner Banham, Design by choice, London 1981, S. 84
2 Praz, a.a.O. S. 285
3 S.S. Wilson, Bicycle technology, in: Scientific American, vol. 228, March 1973, S. 90, zit. nach: Walter Ruppert (Hg.), Fahrrad, Auto, Fernsehschrank, Frankfurt 1993, S. 79

4　Marshall McLuhan, Die magischen Kanäle, Frankfurt 1970, Kapitel 19
5　Ruppert, a.a.O. S. 81
6　Paul Virilio, Der negative Horizont, München 1989, S. 31
7　Ruppert, a.a.O. S. 86
8　Buckminster Fuller, Synergetics. Explorations in the Geometry of thinking, New York, London 1975, zit. nach Ruppert a.a.O. S. 106
9　Praz, a.a.O. S. 285
10　Ann Barr & Peter York, The official Sloane Ranger Handbook, London 1984, S. 121
11　Marshall McLuhan, Die magischen Kanäle, a.a.O. S. 180
12　Praz, a.a.O. S. 300

Die Halogenstrahler – Das Licht des elektrischen Himmels

1　Nikolaus Prokop, Ein poetischer Maschinist des Visuellen in: Der Standard, 4.11.1994, Album S. 5
2　Henry Corbin, Die smaragdene Vision, in: Peter Sloterdijk, Thomas Macho (Hg.), Weltrevolution der Seele Bd.II, S. 589
3　Oswald Spengler, Der Untergang des Abendlandes, München 1979, S. 840
4　Gaston Bachelard, Die Flamme einer Kerze, München 1998, Drittes Kapitel
5　Wolfgang Schivelbusch, Lichtblicke, Frankfurt 1986, S. 170
6　Bachelard, a.a.O., S. 89
7　Wilhelm Hausenstein, Licht unter dem Horizont, Tagebücher von 1942 bis 1946, München 1967, zit. nach Schivelbusch, a.a.O. S. 171
8　Corbin, a.a.O., S. 589
9　Prokop, a.a.O., S. 5
10　Corbin, a.a.O., S. 590
11　Georges Duby, Die Zeit der Kathedralen, Frankfurt 1987
12　Michel Tibon Cornillot: Von der Schminke zu den Prothesen, in: Tumult 2, Berlin 1979
13　Paul Hertz, Unser Elternhaus, zit. nach Schivelbusch a.a.O., S. 156
14　Schivelbusch, ebd. S. 182

Der Hamburger – Belly Bomber im Schlaraffenland

1　Pop Catalogue, a.a.O., S. 244
2　ebd., S. 242
3　ebd., S. 242
4　ebd., S. 242
5　ebd., S. 242

Das Handy – Kafkas leerer Engel

1　Jean Baudrillard, Le Pen hat die Macht des Bösen, in: DIE ZEIT, Nr. 22, 23. 5.1997, S. 40
2　Peter Sloterdijk, Selbstversuch, München 1997, S. 32
3　Franz Kafka, Gesammelte Werke, Frankfurt 1994, Bd.6, S. 235
4　Vilem Flusser, Gesten, Bensheim u. Düsseldorf 1993, S. 188
5　McLuhan, Die magischen Kanäle, a.a.O., S. 260

Die Jeans – Die zweite Haut des Opfers

1　Pop Catalogue, a.a.O., S. 326
2　Mircea Eliade, Schmiede und Alchemisten, Freiburg 1992
3　Pop Catalogue, a.a.O., S. 327
4　Iain Finlayson, Denim, Wien 1991, S. 110
5　ebd., S. 108
6　Tom Wolfe, Worte in Farbe, München 1992, S. 32
7　Finlayson, a.a.O., S. 59
8　Umberto Eco, Über Gott und die Welt, München 1992, S. 221

Der Jeep – Wilhelm Reichs Körperpanzer mit Allradantrieb

1　Pierre Bourdieu, Die feinen Unterschiede, Frankfurt 1983
2　Wilhelm Reich, Charakteranalyse, Köln 1989, S. 201
3　ebd., S. 449
4　Klaus Theweleit, Männerphantasien, Hamburg 1980, Bd. II, S. 212, vgl. Mahler, a.a.O.

5 ebd., S. 188
6 ebd., Kapitel Kampf und Körper
7 ebd., S. 200
8 Deyan Sudjic, Cult Objects, London 1987, S. 8
9 ebd., S. 8

Die Kreditkarte – Rothschilds Vermächtnis

1 Georg Simmel, Philosophie des Geldes, Frankfurt 1994, S. 193
2 ebd., S. 708
3 ebd., S. 241
4 ebd., S. 238
5 Horst Kurnitzky, Triebstruktur des Geldes, Berlin 1980, Kapitel III
6 Kurnitzky, a.a.O., S. 109
7 Elias Canetti, Masse und Macht, Frankfurt 1991, S. 234
8 Sigmund Freud, Geldinteresse und Defäkation, in: Charakter und Analerotik, in. Gesammelte Werke, Bd. VII, London 1941
9 Simmel, a.a.O., S. 246

Die Mikrowelle – Marinettis Fluch

1 F. T. Marinetti und Filla, Die futuristische Küche, Stuttgart 1983, S. 72
2 Charles Panati, Universalgeschichte der ganz gewöhnlichen Dinge, Frankfurt 1994, S. 170
3 F.T. Marinetti und Filla, Die futuristische Küche, Stuttgart 1983, S. 30
4 ebd., S. 5
5 ebd., S. 153
6 ebd., S. 87
7 ebd., S. 22
8 ebd., S. 21
9 ebd., S. 5
10 ebd. Peter Meroth, Der programmierte Genuß, in: Michael Andritzky, Oikos, Von der Feuerstelle zur Mikrowelle, Gießen 1992, S. 258
11 Michel Onfray, Die genießerische Vernunft, Zürich 1996, S. 144
12 Peter Morath, a.a.O., S. 258
13 Onfray, a.a.O., S. 162
14 Jean Paul Sartre, Das Sein und das Nichts

15 Gert Selle, Die eigenen vier Wände, Frankfurt 1993, Kapitel 4
16 Jean Baudrillard, Das System der Dinge, Frankfurt 1991
17 Theweleit, a.a.O. Bd. I, S. 426
18 ebd.
19 Morath, a.a.O., S. 258
20 Marinetti, a.a.O., S. 206

Der Nadelstreif – Abschied von der vertikalen Illusion

1 Ann Barr, Peter York, a.a.O., S. 42
2 ebd., S. 42
3 Alexandra Artley & John Martin Robinson, The New Georgian Handbook, London 1985, Kap. I, S. 8
4 Paul Keers, A Gentlemans Wardrobe, London 1987, S. 33
5 Nikolaus Pevsner, The Englishness of English Art, London 1978, Kapitel 4
6 Woody Hochswender, Kim Johnson Gross, Men in Style, The Golden Age of Fashion from Esquire, New York 1993, S. 108
7 Charles Jencks, Spätmoderne Architektur, Stuttgart 1981, S. 157
8 Thomas Höpker, Eva Windmöller, New Yorker, Schaffhausen 1987, S. 21
9 Anne Hollander, Sex and Suits, New York 1994, S. 88
10 Gregor von Rezzori, Der Tod meines Bruders Abel, München 1976, S. 431
11 Patrick McGrath, Der Engel, in: Sloterdijk, Macho a.a.O., Bd. I, S. 436

Der „Oxford Brogue" –
Das okzidentale Schuhwerk oder Hermes keltische Flügel

1 Duke of Bedford, Book of Snobs, London 1977, S. 61
2 Georges Perec, Die Dinge, Stuttgart 1984, S. 41
3 ebd., S. 41
4 ebd., S. 15
5 ebd., S. 21
6 ebd., S. 29
7 Ann Barr, Peter York, a.a.O., S. 46

8   Barbara Tietze, Der menschliche Gang, in: Michael Andritzky, Günter Kämpf, Vilma Link (Hg.), Der Schuh, Gießen 1991, S. 95
9   Paul Keers, a.a.O., S. 59
10 Adolf Loos, Trotzdem, Wien 1982, S. 87
11 Paul Keers, a.a.O, S. 60
12 Martin Heidegger, Der Ursprung des Kunstwerks, Stuttgart 1980, S. 30
13 Frederic Jameson, Zur Logik der Kultur im Spätkapitalismus, in: Andreas Huyssen, Klaus R. Scherpe, Postmoderne, Hamburg 1986, S. 55
14 Ann Barr & Peter York, a.a.O. S. 46

Die Ray Ban – Eine Sonnenbrille unter Nihilismusverdacht

1   Tom Wolfe, Die Helden der Nation, München 1996, S. 41
2   B. Michael Andressen, Brillen, München 1994, S. 101
3   Paolo Virilio, Ästhetik des Verschwindens, Berlin 1986, S. 28
4   ebd., S. 28
5   Konrad Paul Liessmann, Der gute Mensch von Österreich, Wien 1996. S. 103
6   Günther Stern, Pathologie de la liberté, in: Recherches Philosophiques, Vol. VI, 1936/37, S. 22-54, zit. nach Liessmann, a.a.O., S. 102
7   Tom Wolfe, a.a.O., S. 42

Die Smarties – Das existentielle Konfekt

1   Friedrich Wolfgang Heubach, Das bedingte Leben, München 1987, S. 163
2   Jean Paul Sartre, Das Sein und das Nichts, Hamburg 1991, S. 1036
3   ebd., S. 1042
4   Pop Catalogue, a.a.O., S. 110

Der Trabant – Ein Requiem auf die sozialistische Mobilität

1   dazu S.O. Chan-Magomedow, Pioniere der sowjetischen Architektur, Wien Berlin 1983
2   Matthias Röcke, Der Trabant, Königswinter 1990, S. 10

3 Wolfgang Fritz Haug, Kritik der Warenästhetik, Frankfurt 1973
4 Georg C. Bertsch, Ernst Hedler, SED schönes Einheitsdesign, Köln 1990, S. 17
5 ebd., S. 18
6 ebd., S. 20
7 ebd., S. 25
8 Roland Barthes, Mythen des Alltags, Frankfurt 1974, S. 79
9 Bertsch, Hedler, a.a.O. S. 26
10 ebd., S. 15

Die Tupperware – Hexensabbat in den Suburbs

1 Jantje Salander, Eine Party erobert die Welt, in: Peter Zec (Hg.), Frische in Form, Essen 1992, S. 57
2 Jantje Salander, Ein Besuch in Tupper-World, ebd. S. 65
3 ebd., S. 59
4 Erich Neumann, Die Große Mutter, Olten 1974, S. 270
5 Douglas Coupland, Generation X, München 1994, S. 110
6 Thomas Pyncheon, Die Versteigerung von Nr. 49, S. 1973, S. 42
7 „House Beautiful", 1947, zit. nach Zec, a.a.O., S. 29
8 Neumann, a.a.O., S. 149
9 ebd., S. 126

Der Tweed – Die Ästhetik des Verschwindens

1 Paul Poiret, En habillant l'époche, Paris 1930, zit. nach Barbara Winken, Mode nach der Mode, Frankfurt 1993, S. 29
2 Ann Barr & Peter York, a.a.O. S. 42
3 Adolf Loos, Die potemkinsche Stadt, Wien 1983, S. 116-117
4 Elsie Altmann-Loos, Mein Leben mit Adolf Loos, Wien 1984, S. 37
5 Paul Keers, a.a.O., S. 38-39
6 Adolf Loos, Ins Leere gesprochen, Wien 1981, S. 61
7 Robert Brain, The decorated Body, London 1979
8 ebd., Kapitel 8
9 Duke of Bedford, a.a.O., S. 62
10 ebd., S. 61
11 Evelyn Waugh, Brideshead revisited, New York 1985, S. 28, S. 101

12 Woody Hochswender, Kim Johnson Gross, a.a.O., S. 42
13 Russell Lynes, „High Brow, Low Brow, Middle Brow", Life, April 11, 1949; The Tastemakers, New York 1954, S. 99–102; Bernard Barber and Lyle Lobel, Fashion in Woman's Clothes and the American Social System, in: Social Forces, 31,1952, 124–131, zit. nach Marylin J. Horn, Lois M. Gurel, The Second Skin, Boston 1984, S. 270; vgl. dazu auch: Pierre Bourdieu, Zur Soziologie der symbolischen Formen, Frankfurt 1974, S. 71
14 Alexandra Artley & John Martin Robinson, The New Georgian Handbook, London 1985, S. 8

Der Volkswagen – Heideggers „Fahr-Zeug"

1 Paolo Virilio, Fahren, fahren, fahren, Berlin 1978, S. 16
2 Martin Heidegger, Die Selbstbehauptung der deutschen Universität, Frankfurt 1983, S. 13
3 Heidegger, a.a.O., S. 19 (Platon, Politeia 497d,9)
4 Wolfgang Sachs, Die Liebe zum Automobil, Hamburg 1990, S. 72
5 Deyan Sudjic, Cult Objects, a.a.O., S. 135
6 ebd., S. 135
7 Rainer Banham, a.a.O, Design by Choice, a.a.O., S. 121
8 Pop Catalogue, a.a.O., S. 123
9 Joachim Petsch, Geschichte des Auto Design, Köln 1982, S. 192
10 Achim Schwarze, Golffahrer, Frankfurt 1991, S. 78

Der Walkman – Die elektronische Nabelschnur des Stadtnomaden

1 Jean Baudrillard, Amerika, München 1987, S. 57
2 Vilem Flusser, Gesten, a.a. O., S. 154
3 Alfred A. Tomatis, Der Klang des Lebens, Hamburg 1995
4 Shuhei Hosokawa, Der Walkman Effekt, Berlin 1987
5 Emile Cioran, Von Tränen und von Heiligen, Frankfurt 1988, S. 23
6 Heinrich Besseler, Das musikalische Hören der Neuzeit, Berlin 1959, S. 72, zit. nach Hermann Schmitz, System der Philosophie, Bd III/5, S. 250
7 Deyan Sudjic, a. a. O., S. 53

Bildnachweis

Marc O. Gersin (S. 22)
Laura Russo (S. 33)
Verlag Christian Brandstätter (S. 38)
Vest-Leuchten (S. 48)
Hyperion New York/Ullstein Verlag (S. 60)
Siemens Austria (S. 66)
Deuticke Verlag (S. 72)
Popa Verlag (S. 80, 90, 126, 133,)
Chrysler Austria (S .82)
Moulinex (S. 96)
Könemann Verlagsgesellschaft m.b.H. /Georg Valerius (S. 116)/Günter Beer (S. 154)
Heel Verlag (S. 138)
Design Zentrum Nordrhein Westfalen/Premark GmbH., Tupperware Deutschland (S. 146)
The Hamlyn Publishing Group (S. 164)
Sony Austria (S. 175)
Laura Russo (S. 33)

böhlauWien**neu**

Susanne Pauser/Wolfgang Ritschl
Wickie, Slime und Paiper
Das Online-Erinnerungsalbum für die Kinder der siebziger Jahre
1999. 174 S. 27 SW- u. 41 Farb-Abb. Geb.
ISBN 3-205-98989-9

Susanne Pauser/Wolfgang Ritschl/Harald Havas
Faserschmeichler, Fönfrisuren und die Ölkrise
Das Bilderbuch der siebziger Jahre
2000. Ca. 160 S. Ca. 119 SW- u. 220 Farb-Abb. Geb.
ISBN 3-205-99201-6
Die Siebziger sind Kult – und das vom österreichischen Bestseller "Wickie, Slime und Paiper" ausgelöste Revival geht munter weiter. Die rund Dreißigjährigen stürmen Seventies-Clubbings und Lesungen, und auf vielfachen Wunsch des nostalgisch berührten Publikums entstand sogar eine Ausstellung zum Thema. Mit einem das Erstlingswerk ergänzenden "Bilderbuch" setzen die Autoren den Trend fort. Das Lebensgefühl der siebziger Jahre – diesmal festgehalten in vielen Abbildungen aus der Zeit, quer durch Konsumwelt, Mode, Design, Medien und Zeitgeschehen.

Erhältlich in Ihrer Buchhandlung!

böhlauWien**neu**

Ina Merkel
Utopie und Bedürfnis
Die Geschichte der Konsumkultur in der DDR
1999. 429 S. 103 SW-Abb. Br.
ISBN 3-412-06799-7

Wunderwirtschaft DDR.
DDR-Konsumkultur in den 60er Jahren.
Neue Gesellschaft f. bildende Kunst (Hg.)
1996. 240 S. 260 z.T. farb. Abb. Br.
3-412-08396-8
DDR-Konsumkultur in den sechziger Jahren: Rückwirkend erscheinen die 60er Jahre in einem seltsamen Glanz. Für viele waren es die besten Jahre, für manche die fetten Jahre, und für wieder andere Jahre des Schlangestehens, Herumrennens und Wartens auf den versprochenen Wohlstand. In diesem BilderLesebuch geht es um den aufhaltsamen Aufbruch der DDR in die Konsumgesellschaft. In den Aufsätzen über das Werbefernsehen – Neues Wohnen – Konsum – Industriedesign – Verpackung – Goldbroiler – Präsent 20 – Kofferheule – Jugendmode – Intershop – Westpäckchen u.v.a.m. wird Alltagsgeschichte lebendig.

Erhältlich in Ihrer Buchhandlung!